U0952522

董宝珍◎著

熊市
价值投资的春天

第二部

董宝珍投资之思

经济日报出版社

图书在版编目（CIP）数据

熊市　价值投资的春天：董宝珍投资之思．第二部 / 董宝珍著．—北京：经济日报出版社，2019. 3（2025. 6 重印）

ISBN 978-7-5196-0441-7

Ⅰ．①熊… Ⅱ．①董… Ⅲ．①股票投资－研究－中国 Ⅳ．① F832. 51

中国版本图书馆 CIP 数据核字（2018）第 289037 号

熊市　价值投资的春天（第二部）——董宝珍投资之思

XIONGSHI JIAZHI TOUZI DE CHUNTIAN (DI ER BU) DONGBAOZHEN TOUZI ZHI SI

董宝珍　著

出　　版：经济日报出版社
地　　址：北京市西城区白纸坊东街 2 号院 6 号楼 710（邮编 100054）
经　　销：全国新华书店
印　　刷：北京文昌阁彩色印刷有限责任公司
开　　本：710mm × 1000mm　1/16
印　　张：13. 25
字　　数：190 千字
版　　次：2019 年 3 月第 1 版
印　　次：2025 年 6 月第 7 次印刷
定　　价：48.00 元

本社网址：edpbook.com.cn　　　　微信公众号：经济日报出版社

未经许可，不得以任何方式复制或抄袭本书的部分或全部内容，**版权所有，侵权必究。**

举报电话：010-63567684

本书如有印装质量问题，请与本社总编室联系，联系电话：010-63567684

序言

2008年11月，在全球金融危机最肆虐的时候，我出版了自己的《熊市 价值投资的春天》一书。到2018年三季度这本书已经出版整整10年了。10年之后的今天，我在资本市场上经历了一场令我由里到外脱胎换骨的史诗级博弈，这场史诗级博弈影响了我一生，使我对投资基本概念的理解超越了书本，我明白了“纸上得来终觉浅，绝知此事要躬行”的真正含义！对我的价值观、利益观，以及人生追求都产生重大影响。这场史诗级博弈惊天地泣鬼神，我亲历其中所产生的体悟使我的精神得到升华，我的精神追求改变，我对投资概念、原理的理解也发生改变。

10年的沉淀加上惊天地泣鬼神的博弈，让我明白了在实践意义上的具有可操作性的价值含义，明白了与教科书不同的真正价值概念，明白了什么才是与教科书不同的价值发现，如何在投资实践中发现价值。我在自己亲身的经历中，体悟到什么是最重要的核心投资能力，明白了为什么会出现“道理全都懂，就是做不到”，知道了知行合一为什么如此之难，也知道了如何做到知行合一。我在《熊市 价值投资的春天（第一部）》中介绍的价值概念，在《熊市 价值投资的春天（第二部）》中将变得现实和具体化、可操作化。价值概念在课本上和在现实中、市场中不一样，历经20年投资实践，我意识到在书本上所得到的那个价值，与真正投资过程中需要你理解到的那个价值相差很大。只有在市场中真正的被磨练，才能理解这种差异。也只有在市场中被市场的波动触动你灵魂，才能知道什么是现实和市场中的价值发现。

2010年6月我发行的第一只否极泰基金开始运作，重仓持有贵州茅台。在2012年之前，市场持续低迷，但贵州茅台逆势上涨，我的否极泰基金取得了明显的正收益，被人们纷纷看好。风云突变，到2012年底中国反腐倡廉力度不断加大，反腐并没有对茅台的真实经营产生多大的影响，但是很快在资本市场上形成了一致性认知，反腐之后没有老百姓傻乎乎的去喝茅台，茅台此后将失去成长依据，贵州茅台从此将长期不振。认知形成后贵州茅台的股价开始持续下跌，我坚持自己认定的贵州茅台是中国人礼尚往来的载体，礼尚往来是中国文化最重要的内容，绝不会改变，贵州茅台长期确定性不会也不可能因为反腐发生实质变化。我认为贵州茅台下跌是非理性的，下跌在创造历史性千年不遇的机会！于是我越跌越买，在把所有的自有资金都买了茅台后，下跌还在继续，于是我举债进一步买入。最后，非理性让贵州茅台的股价从260元（不除权价格）跌到120元（不除权价格），跌幅达60%多。我管理的否极泰基金的净值从1.2元跌到0.4元之下，跌幅70%。这样的跌幅使我成为2013年全球最恶心的基金经理，也成为当年收益率熊冠全球的私募基金。一时间贬低、嘲笑、否定、谩骂如潮水般向我涌来！

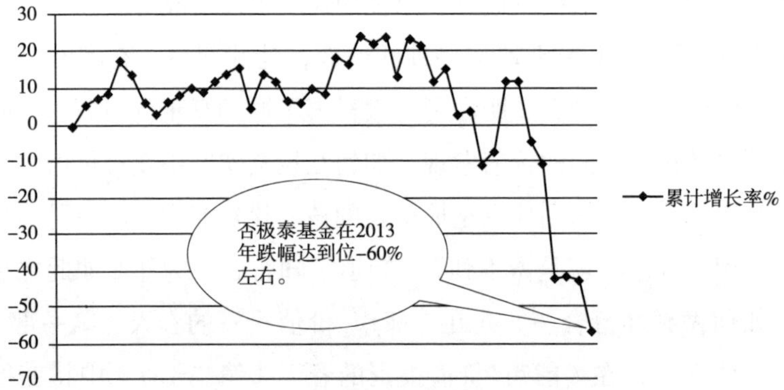

否极泰基金从成立到2013年底净值趋势图

此时此刻我遭遇了有生以来最震撼灵魂的挑战，这些挑战包括但不限于：我的出资人大量的流失了，我的“朋友”大量地离开了我，我的团队也有一部分人和我说了再见，我周边的一切资源，无论物质资源还是精神资源都在以越来越快的速度减少。我身边的利益相关方给我出了一道选择题："放弃对自己认为正确认知的坚持，卖出贵州茅台股票。"如果我接受了这个要求，我身边资源流失的不利局面就会消失，对我的现实利益至关重要的人力、物力、财力就会再次聚拢到我身边，我的现实利益就至少不会进一步的损失。如果我继续坚持认为自己是正确的，拒绝回归社会的主流认知，我的客户将日益减少，我的"朋友"将彻底流失，我身边的团队甚至也有可能分崩离析，我该怎么办？

面对这种完全没有想到的情况，我来到了常去思考问题的郊外树林，在一棵柳树下，我静静的呆了三个小时。我在想，明明市场是错的，我的研究是正确的，为什么大家却认为我是错的？我在树林的三个小时里，陪伴我的只有冬天里被冻的瑟瑟发抖各类鸟儿的悲鸣。我望着自己常来思考的这片柳树林，树上已经没有一片绿叶，萧瑟的北风毫不留情的蹂躏着冬天里的万物。我曾经在这里思考，曾经在这里因为产生有价值的思想欣喜若狂，我投资贵州茅台的决策依据大部分是在这片树林里形成……

我该怎么办？我抬起头望着远方，我写了近1000万字的分析研究笔记，难道上天糊涂到奖励随波逐流者，硬要惩罚我这样的苦心研究者？不会的！苦心人天不负，三千越甲可吞吴。若上天真的要惩罚我，我就认了，天意如果就想让我死，我甘心受死！想到这我的心突然坦然淡定了，随他去吧！我改变不了别人，我也不应该被别人改变，我必须只承认事实证据，我要承认常识和道理。我的命运短期决定于和大家是否能保持一致，但长期决定于我本身所坚持坚守的是不是正确，现在我所坚信的我的结论，我的观点，既然是正确的，那么我最终一定有很美好的前途。现在我除了努力地说服身边的人，讲我的道理，让身边人改变之外，我不应该接受身边人的压力，如果我不能改变别人和身边的人，那么我也不能被身边的人改变。虽然这种不改变将导致我阶段性现实利益减损，但是我的命运终究最后决定于我本身的想法是不是正确的，当我本身的想法确实是正确的时候，那么最终我将成功。短期利益的损失我承受它！我不可能面面俱到，八面玲珑，我总要承受它点什么。想到这，我抬头看着被风吹动的柳枝，豁然开朗了。我何苦患得患失呢，重要的是你的认知是正确的还是错误的。短期被人们的掌声和骂声包围不重要，重要的还是那句话，你到底是对的还是错的，我是对的，我何苦杞人忧天担忧自己的前途和未来呢！

随着夜幕的降临，我离开了这片树林。

回到办公室我把我认为正确的观点写在2013年否极泰基金给出资人的信函中："我身边一个又一个对我恨铁不成钢的出资人、朋友离我远去了，一个离开我的朋友给了我评价和忠告，令我记忆犹新：'你绝对不会有前途的，你除了失败没有第二条路，因为你就像当年的项羽一样，就是一个匹夫，只是一个刚愎自用的匹夫，你不知变通没有灵活性，也不会处理和照顾多方的心理，你终究会像项羽那样毫无前途地惨败。'我觉的一千年之后的大才女兼大美女李清照思念项羽是有道理的，将我评价为项羽，我还是很高兴的，因为项羽内心有原则。我现在的状态是一个好色的小伙子进了女儿国了，我如鱼得水，我所看好的公司的估值水平荒谬到了罕见的程度，我要占有，持续占有，我没有困难感，我只有好色的小伙子进了女儿国的感觉。我相信这样的机会太少了，我用了百年不遇这个词语，实际上我甚至想说是千年不遇！现在我仍旧是那句老话：我们是正确的，错误的是市场！有一个现象非常令我奇怪，一方面我在资本市场上已经名誉扫地，是无能无知的代名词，但是与此同时，我在白酒行业的认同度乃至影响力连续飙升，中国的上市白酒企业认为我的看法已经达到专家级，愿意邀请我参加由白酒专业人士参加的研讨和交流，并且对我的观点格外重视。我不明白，为什么人们如此关注净值，包括我接触了一些同行的基金经理，他们语重心长地对我讲：'董宝珍啊，无论你的判断是否正确，但是如果你的净值下跌百分之多少的时候，你无论价值高低都必须止损，必须卖掉，价值不重要，客户心理是重要的。'我对此非常费解，卖掉一个基本面健康只是价格下跌的股票，甚至成为基金经理们最重要的工作和课题，这真令我难以理解，我无法想象这样做有什么样的合理性，我甚至认为这样做是极不负责任的。"

斗转星移，时光荏苒！最终时间给出了答案，上天奖励了我对事实和真相的坚持，上天在奖励了我财富的同时也把投资能力赋予了我！上天奖励给我的投资之道和投资能力也构成了本书的主要内容！从2013年底到2017年底的4年中，我管理的否极泰基金净值上涨了近25倍多。净值从不到0.4元涨到10元！我管理的否极泰基金从2010年成立到2017年底中间经历了极其曲折的过程，最终获得了10倍的涨幅，成为中国资产管理界较少能达到的成绩，我也被人们所接受所认同，我也被事实证明是正确的（见下图）。

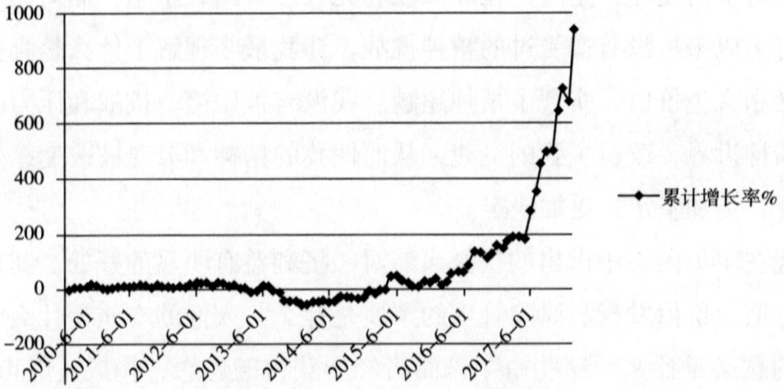

否极泰2010年—2017年净值趋势图

曲折的经历让我明白了什么是投资人的核心投资能力，什么是投资中最重要的事情，什么是一个资产管理人在面对各种课题和挑战时正确应对，什么是用自己的主观努力和才智能解决能管理的，什么又是自己的主观才智不能解决不能管理的。对于那些能做到的，我们怎样把它做得更好！对于那些我们做不到的，我们只能承受，而在承受过程中我们有哪些挑战和压力！

我们在投资过程中并不是处理已知的事情。如果投资处理的事情是完全已知的，那么投资的难度就大幅降低了。投资之所以是非常非常难的事，是因为一个资产管理人或者投资人，他面对的课题不完全是已知的。已知的、可知的问题是可以通过我们的智力才学解决，另一部分是没有办法通过智力、才学、知识、经验有效解决的，而这一方面对投资的成败影响更重要。对于这一方面，我们只能承受，承受未知的过程总是令人倍感压力，不痛快，甚至很痛苦。面对痛苦、压力真的是需要特殊能力，这种特殊能力课本上没有办法给你。即使偶尔有介绍，你也没有办法通过课本知道怎么样承受压力，承受施加你身上未知的压力只能亲自去体验，这是一个非常难解决的课题。

经历了那一场史诗般惊天博弈后，我更关注长久的目标，更深远的利益。我更关注除自身利益之外的与自己无关，但对其他人有价值、有作用的事情，我更愿意做一些对社会有利的事情。我之所以发生这种价值观和个人追求的变化，是因为在那孤独和无人理解的日子里，面对无尽的夜空，有生以来从没有遭受过的精神挑战，让我最终理解了什么是真正的人生意义和人生价值，实现了精神超越。我没有被压垮，挑战和压力改造了我的精神世界，改造了我的灵魂，从而使我的精神和灵魂被改变，变得更加理智，更加坚定，更加淡定。

我在罕见困境中做出的抉择当然对经济利益有明显的好处。我理解的投资价值、价值发现、风险管理的本质是什么？人性的本质是什么？金钱真正的意义是什么？这些由罕见曲折经历获得的思想，构成《熊市 价值投资的春天（第二部）》的主要内容。

这场博弈过程中，我写了上千万字的投资笔记、分析报告和心得体会，我积累了很多需要表达的思考。我在书中会尽可能详细介绍的主要思想包括：

什么是价值，为什么绝大多数人对价值的定义倒背如流却无法发现价值？实践中的价值和课本上的价值本质性不同在哪里？

什么是操作层面的价值发现，如何在现实的资本市场去发现价值。我在本书中给价值、价值发现做了全新的完全不同于教科书的新定义。这不意味着教科书的定义是错的，而是教科书上的定义没有实践性，教科书上的定义在逻辑上完美无缺，但是你没有办法靠教科书的定义去操作，去发现价值。比如，价值在教科书上被定义为企业的未来现金流折现值。你怎么靠这个定义去发现价值？按照教科书的定义，价值评估和发现价值是一个算账的过程，问题是最善于算账的会计师丝毫没有比普通人的投资成绩更好！会计师也没有规律性成为投资家。投资实践需要一种与教科书不同，能指导实践的关于什么是价值，什么是价值发现的定义和原则。幸运的是我完成了这项工作。

什么是风险？如何避免风险？教科书都有明确的定义，在教科书上给风险下定义的人，认为风险是一个可以用方程和公式计算出来的东西，他们用一个公式定义并计算风险，并且因此获得了诺贝尔经济学奖。为了让真理彰显，让谬误不再害人，请允许我毫不客气的说，教科书上关于风险的定义是不切实际的。

来自我亲身经历以及对经历的抽象和总结，我得出在投资实践中的风险和公式毫无关系，要了解什么是投资现实中风险，需要真切的看懂《孙子兵法》，理解了《孙子兵法》如何避免战争失败的风险，也就是知道什么是投资实践中的风险，怎么样避免风险。风险和你本人的精神状态，你本人对你投资公司的了解程度密切相关。控制风险最根本的办法是了解你自己，了解你投资的公司。

我写《熊市 价值投资的春天（第二部）》不再阐述普遍的概念，以及一般的原理。这些东西在10年前我有所阐述，即便我10年前没有充分的阐述，10年间，大量的其他价值投资求索者也都极为充分的对普遍原理、一般概念作了阐述。普遍的价值投资原理、概念已经没有什么需要再阐述的了，然而投资实践应用过程中的那些心理过程的变化，以及种种的挑战问题，才真正是一个关键问题，投资人需要重点解决这个问题。我重点要阐述投资的实践能力，重点阐述为什么投资人道理全都懂就是做不到！在实践中投资者内心会有什么变化，而这些内心的变化、体悟是怎么样导致不同的结果。为什么同样的方法和原理有些人应用就成功了，而绝大部分应用就不成功。成败差异并不是大家不理解那个方法，是因为你在应用这些方法的过程中，你的内心被资本市场的波动激发起了波涛汹涌的变化，你需要抑制住这种变化，而抑制这种变化是非常不易的。这是一个实践课题，你也只能在实践中学会如何让自己内心平静下来，而实践给我制造的罕见的艰难和曲折，使我较充分的知道了这个内心会发生什么样的起伏与波动，以及如何让这个起伏和波动被压平。

这就是我在本书中最想跟大家分享的，我分享的是一种实践中体悟到的关于价值投资应用的一些经验原则、原理，是对价值投资普遍的概念和一般原理的进一步的细化和实践化。

这些极其深刻的体悟，这些对广大投资者深刻理解投资实践中所将必定面临的各种挑战、各种问题，以及如何跨越这些挑战和问题有所帮助的心得体会和原则方法，都是我在管理否极泰基金过程中，重仓集中投资茅台所经历的罕见的极端起伏与波动过程中所体悟到的。因此我在阐述这些对广大投资者普遍有用的实践中所必须面对的挑战的过程中，我大量的用我在管理否极泰基金过程中与出资人来往的信函、问答以及定期报告中记录的内容作为表达素材。

这些信函，这些定期报告，这些问答我将原封不动的把它们展现给大家。当时在我管理的否极泰基金重仓茅台经历了60%的下跌，整个下跌过程中我的出资人也极其有压力，他们会问我问题，甚至于指出我的错误，甚至于认为我已经完全错误了，要求我改变自己的策略。针对这些意见，我和我的出资人反复的用信件来交流，用报告来交流，用问答来交流，甚至召开视频会议。

而这些信件、问答和视频会议恰恰就是要解决投资实践中最现实、最迫切的问题，尤其是这些问题是在巨大的动荡和压力下我们所讨论的问题。而我们在那种情况下所讨论的问题，你将来一定要见到，一定会见到，所以我从有利于读者真正理解这些问题出发，把我经历的原封不动的搬上来，我把否极泰年报的数据，把否极泰投资人跟我的交流问题，回答问题展现出来，然后给你呈现一个最真实的现实投资的艰难曲折的过程，以及在这种艰难曲折的过程下，作为管理层的我是怎么样面对这些问题。以及我的出资人，他们是怎么想的，我们又有哪些问题需要共同面对，乃至我们之间有什么样的矛盾，以及这些矛盾是怎么样解决的，这些都成为宝贵素材和重要的文献资料。这些素材，这些信函，这些过程，其实都客观的存在于我的博客、微博以及凌通价值网上，也可以在搜索引擎中同时输入董宝珍和茅台，你就可以看到社会媒体对当时情况的纪录，如果读者想深刻的详细的了解当时的背景，可以通过以上方式获得当时的最原始一手资料。

董宝珍

2018 年 10 月 15 日

目 录
CONTENTS

第一章

控制风险靠先知　成为先知需集中

1. 化解风险需要变未知为已知

正如在序言中所说的，这本书中贡献给大家的那些在投资实践中至关重要的经验、心得、体悟、原则、方法，均是我在管理否极泰基金时经历的一个历史罕见的、惊天动地的大波动、大博弈过程中所体悟到的。因此我先介绍一下我所管理的否极泰基金。该基金从 2010 年 6 月 1 日儿童节开始成立，那时候我们还专门写了一个成立感言：

否极泰基金在儿童节成立。儿童拥有简单、纯真的品质。我作为基金经理，对待广大出资人要像儿童一样真诚。在业务运行过程中，我们所做的每一次决策，每一个行为也将按照儿童式的简单原则来做。我们不寻求复杂的业务运作模式，也不寻求复杂的决策过程，我们只是做一些简简单单的用常识就能解释得了的，拥有明确未来的事情。我们所做的所有投资都要用简单的儿童能够理解的原理和思想来做。我们追求简单的结果，这种简单的结果就是一种正常的合情合理的常规回报，我们不会追求疯狂的、不具有普遍性的、复杂的结果和回报。资本市场就像浩瀚无垠的大海，既充满了温情，又包含着波涛。否极泰基金这只小船在欢乐和纯真的儿童节正式驶入了资本市场的大海。我们面临着很多可能的结果，也许在某个时候，这只小船变成了联合舰队，也许这只小船长期只是一只小船，也许这只小船在大海的某个波涛面前被击沉。不管结果怎么样，我深深地知道，路就在自己的脚下，否极泰的命运已经系于我身上。我肩负着重任，决不懈怠，现在我们就起航，现在我们就出发！

基金成立后买了三只股票，它们分别是贵州茅台、泸州老窖、大秦铁路。百分之六七十是名优高端白酒，买茅台和泸州老窖是基于我投资于可提价的快速消费品的投资理念。全球范围内，快速消费品都是大牛股的摇篮，像可口可乐、宝洁、雀巢和中国资本上的其它一些快消品都创造了长期成长的业绩。如果快速消费品同时还具有提价权，那就是双驱动、双成长。高端白酒有一种提价的属性，至于为什么有提价的属性，我将在本书的后半部分介绍相关的原理。于是可提价的快速消费品占 70%，一条沟通中国东西部的战略铁路占 30%。

否极泰基金从 2010 年 6 月 1 日开始成立到 2012 年的三季度获得了 23.2% 的投资回报。这个回报当然并不高，年复合增长率还只有 10% 多一点，但是这个投资回报率是在整个中国股市大幅下跌的背景下所取得的。从 2010 年 6 月 1 日到 2012 年的三季度，中国股市整体大跌了 19.52%。这种不错的成绩激发了我的乐观情绪，我感觉前途无限光明，眼前一马平川。然而，天有不测风云，2012 年十八大以后，中央推出了反腐政策，使得高端酒的“三公消费”荡然无存。反腐政策让全国范围内的旅游景点、高档餐饮、高档酒、奢侈品的价格暴跌，同样是高端酒的茅台也受到影响。反腐使人们对高端酒极端的悲观化。反腐过程中，全国上下的媒体连篇累牍的抨击茅台，认为是茅台导致了腐败。虽然这个道理说不通，但是全国上下，主流的、非主流的大报、小报都纷纷抨击茅台。这种舆论论调让投资者的心理受到了巨大的冲击。茅台股价一泻千里，到 2013 年的二季度，茅台股价就下跌了 30% 左右。在这个过程中，我那坚定质朴的价值投资理念发挥了作用，我坚信一个公司的股价下跌后，它的内在价值是提升的，所以我越跌越买。但是我已经满仓了，怎么办？我首先卖掉了泸州老窖，因为我认为泸州老窖的品牌影响力不及茅台，既然大家都同时下跌，那我就卖掉品牌影响力弱的，买入品牌影响力强的。但股价并没有终止下跌，更持续的下跌再次展现在我的眼前，于是我又卖掉了大秦铁路，集中持有茅台。当时贵州茅台从 20 多倍市盈率已经跌到了 15 倍市盈率以下。这个时候大秦铁路的估值水平还在八、九倍，我做了估值比较，我认为 15 倍以下的贵州茅台的安全边际要高于大秦铁路，所以我卖出了大秦铁路，买入了贵州茅台。

至此我管理的否极泰基金就只有贵州茅台一家公司了。这是一个极其令人不好理解的投资组合。然而下跌并没有终止，下跌还在进行，我管理的否极泰基金净值更快速的萎缩，这个时候我已没有钱补仓。于是我走进了证券营业部办理了融资。我通过融资买入，随着我的融资买入，我对茅台的持有量就变成了一家公司加融资杠杆，这样一个被人们认为是难以理解的、极其不正确的投资组合。在这种情况下，我收到了来自出资人的一封信。这封信就对如此高集中度的持仓提出了质疑。

来信的内容是这样的：

老董你好！

在贵州茅台股价大暴跌，我们否极泰基金净值大幅下跌时，我有如下观点反馈给你！布鲁诺由于反对地心说宣传日心说而被烧死，现在来看虽然日心说也不科学，但在当时来说应该是一个巨大的进步或者更接近事实，你认为这种以身殉道是我们投资人应该承受的吗？还是活着最重要？我们持有的股票只有一只，我们的持仓分散度不够面临风险，这种只持有一只股票的做法，在中国股市从来没有见过，难道你连简单的分散投资都不会了吗？对于持仓来说，单一持仓（白酒）犯了没有分散的错误。

出资人：某某某

2013 年 9 月

收到出资人来信我马上写了一封超过一万字的回信：

来信收到！

我要做一件事情，一定是我背后已经形成了一个理论体系，是一个比较深刻的思想体系。现在我们否极泰的单一重仓白酒股是我长期实践和求索过程中有理论依据的！孙子兵法说上兵伐谋，打仗的关键是高水平的谋划。上兵伐谋的前提条件是什么？怎么样才能做到上兵伐谋？答案是知己知彼。知己知彼方能设计出高水平谋略。知道彼此是设计出战争谋略和投资谋略的前提和关键。知己知彼的前提又是什么？答案是专注长期跟踪和深入研究。

知己知彼是一个复杂的艰难过程，没有专注长期跟踪和深入研究是没有办法做到知己知彼，从而也没有办法产生高水平谋略。大家觉得董宝珍不是一个骗子，也是因为你们长期和我接触形成的正确认知，简单接触、浅尝辄止都做不到对一个人的了解，日久方能见人心。决策学原理决定了高水平决策的产生，不能频繁的在不同公司上穿来跳去，要专注持续跟踪。

巴菲特说过一句话：“如果你不能在一个行业里成为对行业的理解深度前一百名之内的人，你很难投资成功。”投资是预测企业未来的比赛。所有投资人都在预测企业的未来，能不能挣钱就看谁能预测的准。这就是巴菲特为什么说一定要成为这个行业里理解深度前一百名的人。作为有限理性的人，能理解多个行业并成为对多个行业理解深度达到前一百名的人吗？不能！专注于有限的机会，集中力量深入研究有限的公司，才能做到巴菲特说的成为这个行业里理解深度前一百名的人。为此巴菲特给出一个概念“能力圈”，**你要在一个有限范围和领域深入钻研，使得自己在这个范围和领域形成的判断明显强于大众，这个自己有能力优势的范围和领域就是能力圈，在能力圈里可以比别人更准确的做出判断，识别机会或者风险！**

亚当·斯密在《国富论》中为人类市场经济贡献了两个基础的思想，一个是分工可以提高社会效率，另一个是不受任何限制的自由交换可以增加社会总财富。这两个思想奠定了人类市场经济的理论基础，推动了人类的进步。我在思考阅读国富论的时候，意识到**亚当·斯密所说的分工能够增加财富，与巴菲特所说的能力圈可以创造高额收益本质上完全一样。亚当·斯密说分工导致每一个人不再成为一个全能的杂家，而是终其一生专注做一项工作，从而把自己的工作半径、工作内容划定在一个很小的圈子里。在这个圈子里，每个人长期做一个具体的工作，不来回调整工作内容，从而使他的工作能力、工作质量、工作效率提升，这就是分工可以增加社会财富的根本原因。巴菲特的能力圈理论是说你专注具体领域思考，分析，研究这个领域，你的认知深度就超越别人，你的洞察力与预见性就超越别人，在你的认知能力提升，预判能力提升的时候，你获得价值，发现价值的能力就提升，创造财富就会增加。**资本市场上有几千只股票，你不可能成为每一个行业都懂的，所以你必须进行分工，把自己定位为一个具体领域的投资人，在一个小范围内不断地思考，你的认知能力自然提升，于是你就可以赚更多的钱。伟大的思想都是相通的，巴菲特的能力圈和亚当·斯密的分工，原理完全一样。专注专业化一定能战胜分散和无所不知的杂家。

以上是我在2013年给出资人回信的第一部分，写到这我想把我2017年写的乐视网为什么会崩溃的文章补充到这里。乐视网从2015年~2017年总市值从一千多亿跌到几十亿，我专门写了一篇文章指出乐视网崩溃是因为产业太分散，我在写这本书时为了阐述价值投资的重要性，把这段文章插进来：

乐视网和贾跃亭试图挑战亚当·斯密的基础经济学原理，亚当·斯密为人类经济学贡献的基础的思想，分工可以提高社会效率，社会经济发展的主潮流是越来越细的分工。分工可以提高效率，每一个人都只做一件事情，一生就做那一件事情，他做的效率就比较高，质量就比较好。同样道理，一家公司在社会中的价值源于他专注的从事一项具体的工作和一个具体的商品，通过长期专注的做一个项目和一个商品提高了质量和效率。巴菲特说过一句话，“一些伟大的成功的企业总是几十年如一日的只生产一个商品”，比如可口可乐，比如茅台。多元化历来被称为多元恶化，真正做得好的公司往往是专注于一个项目。乐视在短短的几年从事电视、体育、手机、汽车、房地产，这种向多个领域扩张的做法直接违背了亚当·斯密所揭示的分工是社会进步和社会效率提升的动力。什么也做就导致了什么也做不好。一会去修鞋，一会去炒菜，一会去理发的人，一定不如一生只修鞋的人修出来的鞋质量好，同样他也不会比一个一生只从事炒菜的厨师炒出来的菜好。乐视就是这样一个什么都干，什么都干不好的公司，这样的公司往往最后要崩溃，这是我一直认为乐视不能成功的原因之一。实际上这个逻辑对于投资也是一样的。杰出的投资者绝大部分是集中投资，是专注于有限的几个公司。查理芒格说的好，“真正地去搞懂一两个公司，远比假装什么都懂要好”。贾跃亭会不会犯了假装什么都懂的毛病？乐视电视到底有什么竞争优势？乐视手机到底有什么价值？谁也不知道。乐视什么都干，但没有真正干出特色来。对于投资也是一样的，杰出的投资者绝大部分是集中投资，都是专注于有限的几个公司。

2. 集中专注是正确认知的前提

回到 2013 年，我给出资人的回信，在信中我继续写道：

如果我们要避免风险，逻辑上必须知道什么是风险。教科书上说风险是实际的效果与预期的方差，比如你预期涨 20%，最后涨了 100%，按照教科书的风险定义你遭遇了巨大风险，因为实际发生的 100% 上涨与你预期的 20% 上涨出现了巨大的偏差，什么时候没风险呢？预期涨 20%，结果涨了 19.5%，教科书认为这个时候你的风险小于预期涨 20%，最后涨了 100% 的情况。**我本人对风险的定义是：风险就是你不知道的情况。凡是你不知道、不清楚的领域与局面都是风险，只要你知道就不是风险了。你不知道、不清楚、不能控的一切局面、情况都是风险。比如某人走在郊外掉到一个枯井里，这个风险是该人不知道那有一个井，枯井不是风险，不知道有枯井才是风险。所以风险是你不知道、不懂、不清楚。化解风险就是变未知为已知，变不懂为懂，从不清楚到清楚就是规避风险。**

分散投资本身没有主动应对风险，没有深入研究把未知消除，把已知扩大。一对夫妻需要孩子为自己养老，这需要孩子能健康长大，且要有很强的知识能力挣到钱，还要有孝心愿意孝敬他们。孩子夭折、孩子没有能力、挣不到钱、孩子没有孝心，任何一个条件发生都不行！于是他们采取了分散投资策略，生了 10 个孩子，10 孩子出生后他们认为大功告成，对孩子也不进行健康管理，也不进行能力培养，更不进行孝心教育，他们说这么多孩子总有一个会满足标准，这就是分散投资的本质，回避核心的优生优育。还有一对夫妻也面临同样课题，他们只生了两个孩子，他们深入对孩子进行健康管理，投入资源培育孩子的知识和能力，加强孝心教育。后者就是集中投资，他们主动应对管理风险，精耕细作。前者不主动管理风险，粗放经营，没有对风险因素进行遏制，而是采取了一种心理幻觉，我孩子多，所以我的风险自动能解决。分散投资的策略因为不主动消除风险，所以是一种不会根本性成功、平庸的策略。一个资产管理人惯于分散，尤其是大幅度分散，实际上他根本上不具有主动管理风险的能力。**广泛的分散导致对自己所投资公司都一知半解，最后成绩效果一定是很差的。因为他没有主动变未知为已知主动消除风险！**

投资是预测企业未来的比赛，投资是关于企业未来的认知博弈。你投资的公司破产了，导致你遭遇了风险和损失，这个风险和损失并不是企业的责任。是你没有在企业破产之前预判到它会破产，是你没有通过研究分析准确地早于别人判断出它会破产。投资人是投资风险的主要来源。因此风险管理主要应该是对投资人的管理和完善，要让投资人的认识能力提高，要让投资人情绪稳定！假设分散投资能够控制风险，前提必须是分散能够提高投资人对企业未来的预判准确度，事实上分散不仅不能提高投资人对企业未来的预判准确度，反而降低投资人对企业未来判断的准确度。如果你分散投资10家公司，你投资到某一个公司上的研究时间和精力就大幅减少了，在精力投入减少和不足的情况下，所得出来的研究结论在质量上一定是下降的。如果只有两三个公司，你所有的精力都集中在这两三个公司中，精力和时间的投入得到了强化，在研究能力不变的情况下，研究的质量必定提升的，事实是通过集中投资可以更准确地预测企业未来。**集中有利于提高预判企业未来准确度，而分散增加预测企业未来的错误率，从而放大风险。当风险被定义为投资人不能对企业的未来有准确的预判，或者当风险被定义为投资人不能比别人对企业的未来有更准确的预判时。分散投资不仅不能避免风险，而且加大了风险，因为分散之后他的预判未来的能力是下降的。**

现代投资管理理论不仅强调分散投资，而且主张所投资的公司尽量互相无关联。比如你分散到三个公司，它们分别是啤酒、白酒、葡萄酒公司、乳业，另一个组合是钢铁、食品、互联网，这两个组合都是分散到三个行业。教科书理论认为后一个组合的安全度更高，因为后一个组合成员的关联性很弱，互相不搭界不关联，因此风险降低了，而第一个组合都是酒类，关联性大，所以风险高。这个理论完全是错的，因为分散到互不关联的领域，资产管理人的能力和知识根本不能互相共享，三个互不关联领域需要三个独立的知识。啤酒、白酒、葡萄酒都是酒产品，相对的知识可以共享互通，分析啤酒水平高了以后，自然分析白酒的能力就高了，知识可以共享互通提升了投资人的认知水平，增加了预测企业未来的准确性。投资教科书把一些错误的理论交给了学生。

形成超越大众的关于未来的认知是风险管理的核心手段。而集中专注是形成超越大众关于未来的认知的前提和必须。这就是我们集中投资的原因！

巴菲特和芒格都是集中投资的，1987年巴菲特管理的资金已经上百亿美元了。一个拥有百亿美元的资产管理者，1987年只投资了三只股票。如果巴菲特在中国的基金公司工作，他早被开除了，而且他已经多次被开除了。芒格在接受媒体采访时说："一生只投资了三只股票，分别是伯克希尔公司、好事多公司、李录的喜马拉雅基金。"

索罗斯也是集中投资的，索罗斯说："如果一个机会被你发现，你对这个机会很有把握，你确信自己的判断是正确的，那么这种情况下下注多大呢？回答很简单，能投入多少就投入多少，投入多少都是正确的。"**风险管理的核心是判断正确与否，当你的判断是错误的，你投入一分钱都是错误的。当你的判断是正确的时候，那么就大手下注。真正的风险管理与分散没有关系，分散不能消除风险，风险管理只需要解决一个问题，你的判断是对还是错，如果错了，你投下多少都会赔。**

有人会说，集中投资，你万一看错了不就是全军覆没了吗？

对此我用第二次世界大战中德国闪击战的缺陷来回答这个问题。德国是一个理论大国，近代西方哲学理论大部分来自于德国。德国盛产诗人和哲学家，同时德国产生了很多战争理论，闪击战就是德国提出的著名军事理论。闪击战的核心是什么？是把所有的战争资源集中到一个点上，短期之内快速地释放这些战争能力。闪击战的本质是集中优势兵力打歼灭战。闪击战不仅在空间上强调集中，而且强调时间也高度集中，战争资源集中在一个点上，瞬间倾泻而下，闪击战要求以最快的速度突击，不要管后勤，以百米冲刺的速度向敌人冲击，不留后手，不携带后勤（留后手投放的战争资源少，冲击力不够，带后勤冲击的速度上不去，起不到闪击的效果）闪击战核心理念就是集中优势兵力快速突击。

第二次世界大战时德国在漫长的法德边界上把所有兵力集中在约50公里的一个区间投放，德国军队在这50公里上一夜之间把空军、装甲兵、炮兵的力量瞬间倾泻，而法国的兵力分散到上千公里的法德边界上，很快就突破法国防线，突破后德国人不搞步步为营，不搞后勤支援，一路向西长途奔袭，长驱直入1000多公里，6天横扫法国北部，直接攻到英吉利海峡，将法国切成两段，取得了人类战争史上的奇迹！德国闪击战的成效来源于集中兵力在一个窄小的空间，瞬间把战争资源集中投放，突破后快速的往前穿插。第二次世界大战之后，军事学家认为闪击战的优势是非常明显，但是闪击战的劣势也是非常真实的，就是他快速的突破，不带后援，不顾一切地突破向前冲，容易被敌人从两侧把他包抄，一旦集中快速突击不成功就会陷入孤军深入被包围的困境。闪击战与步步为营的战争原则截然相反，容易在进攻遇阻后出现孤军深入风险。这和集中投资一旦做错就是全军覆没的缺陷一样。

那么面对闪击战内在的缺陷，军事理论家们提出的解决之道是怎么样的？答案不是一般人想的加强后勤，放慢进攻速度，而是以更快的速度冲击对方的阵地，更集中的投放战争力量打垮对方。也就是避免闪击战内在缺点的方法不是回归步步为营，而是更坚决的强化闪击战集中快速用兵的原则。用更集中避免集中的缺陷，用更快速避免快速的缺陷。**世界是辩证的，世界上没有一种方法是只有其利无有其弊的，没有一种方法是没有缺陷的，对于某种方法内在的缺陷的避免方法是更加坚持强化这个方法的有效的部分。集中投资的成败来自于你准确地判断形势，一旦出现错误的判断你就崩溃了。为了避免崩溃，你必须更加准确的判断，就要求你更加画小能力圈，更集中。集中投资和任何方法一样也有缺陷，弥补这个缺陷的办法是你真的了解公司，你不会看错，要保证不会看错的办法是更加的集中投资。也就是要想避免集中投资的风险，办法是必须更加集中，能力圈更小。**

价值投资对风险的管控就在于研究的深度。研究深度创造价值，你的研究深度不够，不能比别人提前发现企业的潜在变化，不能做到察于未萌

就是风险。研究深度内在决定了不能关注的太广泛。深度和广度是先天矛盾的！每一个行业隔行如隔山，很多时候风险就是跨行风险，因为了解不深，进去以前没研究透，进去才知道风险，贪多嚼不烂，关注太多不符合认知规律，不符合成功法则。符合成功法则的做法是专注，专注在局部领域，做的小而专，靠深度创造价值。无所不知就真的是什么也不知道。

我是从2008年之后专注深入研究贵州茅台的，几年下来我基本上成为白酒行业的信息来源地，我发表的文章成了酒类经营者、酒类上市公司重要的信息来源和决策参考。对于其它行业和公司我达不到这个深度，所以就集中投资自己了解的。我写的白酒行业贵州茅台的投资分析，很多白酒行业的从业人员高度认同，酒行业的人找我，让我去演讲，贵州茅台、洋河股份都邀请我去企业交流，我到了这两家中国最大的白酒企业，公司的核心高管与我一起探讨产业未来。茅台经销商把我写成的茅台酒价格形成机制和定价原理发给员工学习，指导他们的销售。我对白酒产业的人员说，“我是闭门造车纯理论，没有经过实践”。他们说，“比实践出来的东西好，我们长期实践反而产生不出这种思想”。

我较少换股，而且不分散，多少人教导我，说多买几只不就可以避免人们的指责了吗？我怕啊！只要我买了好几只股票，我就会非常恐惧，太多的股票我不了解他们的情况，所以会非常担心，分散买股票从来没有给我带来安全感，而是带来紧张。**我会因为买了多只股票睡不着，但是我因为买一只自己非常理解的股票而心安并且呼呼入睡。买入一个非常了解的公司，在下跌的时候买，不断地买，借钱买，哪怕遇到阶段性困境也不改变，这个过程中我内心没有任何不舒服的感觉，分散投资反而会让我紧张。我认为在不理解的多个公司中进行分散投资风险相当大，在你非常理解的公司上面长期驻扎，在它波动下跌的时候，不断地额外追加买入是一种很合理的投资模式，也非常适合我的个性心理特征。**

最后关于集中投资，我向大家推荐中国保守主义学者刘军宁先生的研究成果。刘先生是一个知名的研究保守主义学者，他以相当的理论深度来分析价值投资的具体问题。刘军宁先生的一篇相关文章《少即是多：说说集中投资与分散投资》中写道：

“分散投资是一种自然倾向，是人自然而然的选择，不需要学习。集中投资是一种能力，需要学习方能拥有的一种能力”。

“当你的理财顾问在告诉你要分散投资的时候，他也在保护他自己。因为他们自己也不知道把钱投到哪里才是最好的投资”。

这两段话我有非常切身的体会，没有对所投资公司深刻的理解、没有责任心、没有勇气，是不敢集中投资的。我在采取集中投资的事前和事后，始终面临着来自各方面的巨大压力和不认同。如果我们否极泰也采取分散投资，即使做得很差，大家也没有什么意见，因为毕竟股市处于熊市中，人们不会批评我。但是否极泰是高度集中投资的，这无疑是授人以柄，成了众矢之的。刘军宁先生的文章暗含着一个观点，集中投资是保守主义，分散投资是激进主义！

刘军宁先生在文章中写道：“分散投资、集中投资虽然做法截然相反，但它们都是应对未来的不确定。价值投资者认为，因为未来不确定，所以我需要集中优势兵力深入研究，从大量公司中选择出没有风险、未来确定的公司。而分散投资者认为因为未来不确定，所以我需要分散投资”。

总结言之，别人看到董宝珍买茅台，一只股票加透支，就会这样说，中国哪个傻子做出来的投资组合也比董宝珍强。是的，你直接看我的做法，我就是一个“超级笨蛋”。但是我这样做是天地、宇宙、人生、军事、哲学、心理无所不包，我所有的想法都是以一个丰富庞大的理论体系为根基的。而这个理论根基本身的构建是非常艰辛的，非常不易的。当我构建起这种东西，并且用这种东西做出一个组合的时候，其外观特征就是跟一个傻子是一样，我也没有办法。很多时候懂行的人所作所为很容易被人当成傻子。我可以告诉大家，我不是人云亦云的，我是反复自我推敲，自我构建，最终自我接受。在自我接受的过程中，我就把它付之实际行动，但是在我行动的结果没有出来的时候，人们也不会相信我，不会再耐心地等待最后的结果。

董宝珍

2013 年 9 月

以上是我在 2013 年与出资人就价值投资的书信往来。

在上面的书信交往和交流过程中，表面上看讨论的是集中，或是分散，但实质上背后的本质问题是：投资风险的本质是什么？如何避免投资风险？强调分散投资可以避免风险的人，他们的风险观是风险就是高波动，如果你波动率非常高，那就是风险。对此他们有自己的理论，这套理论非常诡异，我不赞同，也就不在这里阐述了，大家可以去查阅资料。巴菲特对传统教科书上定义的波动性就是风险，如是说："商学院多半将波动性和风险画等号。虽然这种书生气的假设让教学更容易，但这是错的，波动性和风险不是一回事。一些流行的公式将学生和投资者领入歧途。"芒格同样反对将波动性视为风险，芒格说："风险意味着两件事：①永久失去资本的风险；②回报不足的风险。用股票的波动率来衡量风险是疯狂的。波动性是一个被过分打磨的概念。你不应该受困于波动性。一些非常好的公司回报非常的波动，而一些糟糕的公司表现非常的稳定。我们不在乎起伏的回报。理财界如此重视波动，在我们看来是无稽之谈。"

我在 2013 年给出资人的信中反复论述的风险观是：你不知道就是风险，你不理解就是风险。风险是你未知的东西，所以避免风险的手段和方法就变成了化未知为已知。你不知道企业的未来经营状况会越来越差，你遭遇了风险，你不知道这个企业高估值下本身就孕育了风险，高估值水平买入遭遇的风险。这些风险都是因为不知晓，你不知道是遭遇风险的关键。一个公司破产了，这对你不一定是风险，你没看出这个公司将要破产，你没发现这个公司将要破产，你才遭遇了风险。公司破产之前，你提前看到、预判到，那你早早就卖出走人，躲过了风险。所以不能够提前知道将要发生的变化才是风险。而克服化解这种风险的手段与方法是通过思考、研究、分析、调查，提早知道企业将会发生什么样的变化，化未知为已知，先知先觉。

这就是我在与出资人书信往来中所阐述的本质思想。分散和集中只是形式，背后是风险观。

3. 从《孙子兵法》学到的前端风控原则

谈到这里，很多人会问："董宝珍怎么这么自信？你怎么就能知道自己是正确的？企业的经营非常复杂，对企业未来，有时候董事长、总经理都不知道企业的下一步是什么样，行业向何处发展。"这是我一个出资人亲口问我的。对这个问题我要说，**人类的理性确实是有限的，不是全知全能，不是无所不知，但是人类确实是有理性的，你把自己的精力和智力集中在很窄的一个空间，长期专注深入调查，深入研究，经过一段时间的积累，你是可以知道某一个公司、某一个行业、某一个领域的未来变化的。不能因为人类的理性是有限的，就否定人类可以在有条件的情况下，知道一个局部领域的未来。这个条件是首先你要划定一个能力圈，相对稳定的一个较窄的区间。其二、就是你长期钻研，长期专注。如果没有这些条件是做不到的。太多的时候，市场和投资界人士，以人类的理性是有限的，人类不是全知全能的去否定人类本身具有的理性，宣布人任何事情都不知道。如果人真的什么事情也不知道，我们是怎么样登月的？我们是怎么样把卫星送上天的？我们是怎样发现基因的？所有的科学成果就都不可能出现。那些不断被发展出来的科学技术和人类进步，就是因为循序渐进地专注研究，变未知为已知。那种认为人对一切问题都无法搞清楚是错误的。**

关于这一点，我想引入《孙子兵法》。《孙子兵法》是人类历史上最重要的一个兵书，它的智慧和价值已经超过了军事范畴，在商业、政治，甚至社会生活中都有广泛的影响，因为《孙子兵法》阐述的是一种避险原则。**战争是人类各种活动中风险最大，不确定性最大的活动。对于这样的活动，如何避免战争中的风险？如何确保每次打仗都胜利？《孙子兵法》就是要解决这个问题，《孙子兵法》给出的答案是"先知"。这个仗要想打起来不失败，保证能胜利，他的办法是你要在战前分析、调查、研究，在战前就搞清楚你是可以胜利的。如果你在战前没有搞清楚，或者无法搞清楚这场战争走向，最终结果一定是你失败，那么你就不要打这场战争。你已经在战前通过科学调查研究、实事求是的分析，知道了这场战争你是一定会胜利的，这个时候你就打这一仗。**那么什么时候你是一定胜利，

《孙子兵法》讲的就是以镒称铢，大体上就是你的实力相当一块巨大的石头，敌人就像一个鸡蛋，所以在这种情况下，你通过调查研究发现自己的实力相对于敌人是石头，敌人相对你的实力是鸡蛋，那你打他必胜。这就是《孙子兵法》的控制风险的原则，《孙子兵法》控制风险原理，包含着我们投资人必须学习的观点。《孙子兵法》强调战争固然是高风险的活动，而且它较难预测结果，但是可以提前预测到的，战争是可知的，在这一点上《孙子兵法》说到“胜可知而不可为”，就是说你不能在条件不具备的情况下，硬生生创造出一场胜仗。但是你可以提前知道这场胜仗是不是存在，能不能打，为此孙子兵法提出一个词叫“见胜”，看见的见，胜利的胜，他说“见胜不过众人之所知，非善之善者。”也就是你提前预判这个战争要超过大部分人。一个将军的最核心的能力不是冒着枪林弹雨冲，而是见胜的能力，是战前基于所把握到的数据资料判断胜败的能力，这个能力是将军和将领最重要的能力。

《孙子兵法》一共七八千字，其中有七八十字是知道的“知”。《孙子兵法》留下了很多关于知的成语。“知己知彼，百战不殆”“胜可知而不可为也。”等等都是。这样一种思想，就是说人可以提前知道战争胜利与失败。那么怎么知道？《孙子兵法》全书的核心内容是论证怎么样提前知道战争胜败。他给出了很多的原则、方法，比如说“知胜有五，知可以战与不可以战者胜。知众寡之用者胜。”他列出了胜败的几种情况，他还强调了在什么情况下是绝对的胜，什么情况下是有可能胜，这都是《孙子兵法》的内容。所以还是那句话，《孙子兵法》全书就是告诉你怎么样在战前就知晓战争的结果。《孙子兵法》反对打起仗来勇猛冲杀，他认为那是很危险的，他反对攻城拔寨，虽然你胜了，也是一种惨胜。

我受到《孙子兵法》思想的强烈影响。因此后期我又形成自己的思想，就是战前风控原则，或者叫前端风控原则。假如我是一个犯罪分子，我被法庭判了十年徒刑。法庭宣判前告诉我，你可以先买一只股票，等十年之后你从监狱里出来，靠这个股票帮你赚钱。在这个政策下，我作为一个将要服刑十年，再也没有机会参与资本市场的人，要确保我出狱以后有足够的回报，这个回报有没有完全决定于我买之前的选择，我在这种时空下唯一的可做的，就是买之前要选好一个公司。这种决策就叫战前决策，一旦买了以后，法庭就押送我到监狱了，我再也出不来了，十年之内没时间干预，我也不知晓这个过程。这个时候我又要保证我出狱之后有生活保障。我唯一的一个下功夫的着眼点就是战前的选择，买之前的选择就是战前决策。

防风险是前端风控。在买之前，你一定要排除那些有风险的资产。你买的时候就要确保所买的公司是没风险的，一定会随着时间推移，基本面越来越好的。这就是我受《孙子兵法》所影响形成的风控原则。战前风控，事前风控，不要在买完了以后，再发现没想到的风险，买了以后再风控几乎是没有什么大的效果的。举一个例子，战前风控很像受精卵，一个生命的智力、体力、各方面的素质，很大程度已决定于受精卵形成的那一瞬间，一旦受精卵形成，某种程度上他的智力、体力、各种素质都确定了，后天的改造当然是有影响，但是根基性的基础性的素养、素质都已经确定下来了。投资也是买入前控制风险，相当于受精卵形成的那一瞬间，你可以通过努力，强有力改变生命质量，所谓优生优育，说怀孕之前不喝酒，身体保养好，再孕育新生命，这个就是典型的事前风控。

我们现在在投资过程中，就是解决两个问题：买谁？在什么价格买？买谁、在什么价格买都是事前风控，一旦买完了以后你就不需要管，你再管也是劳民伤财，效果不佳。所以真正的风险本质就是你不知道谁越来越好，你也不知道在什么价位上买更有利于你。所以风险是不知道，控制风险就是要提前知道。在强调事前知道可以预测风险的时候，很多人就宣布说，你怎么可能知道了，你又不是先知。事实上，《孙子兵法》就提到了先知，他在文章中说到先知，“故明君贤将，所以动而胜人，成功出于众者，先知也。先知者，不可取于鬼神，不可象于事，不可验于度，必取于人，知敌之情者也。”

《孙子兵法》在全球范围内取得巨大的影响力，与它的这种强调先知，强调事前调查研究，强调事前选择决定胜败的科学性是有关系的。我们在投资实践中否定可以通过调查研究准确预判一个企业的未来，实际上也就相当于说否定《孙子兵法》。几千年来《孙子兵法》在全球流行，你能否定得了它吗？你要说人不可以准确预测某些企业的未来，你相当于宣布《孙子兵法》在说谎。事实是孙子没有说谎，只是那些认为不可知的人是错的。

第二章

价值发现靠双脚

1. 预测未来需要独立调查研究

我在2013年上半年给出资人所写的信中反复论证，风险的本质是投资人并不知道企业未来的变化，所以规避风险首要是要增加投资人的分析研究能力，通过自己有效的研究来提升对企业未来判断的准确性。而集中专注是提高研究能力的关键！信发给出资人之后不久，很快我就收到了另一位出资人的回信，来信的出资人是一位富有经验的企业经营者，他在信中说：

董老师你好！

我本人经营了很久的企业，在经营过程中我感受到最强烈的经营难题是市场环境的不确定，自己投资的设备刚刚投出去，产业环境就变化了，导致所投设备血本无归，我研究产业方向预判产业未来，可是绝大部分预测是不准确的，我在自己所在的行业也算是老司机了，可是我这个老司机干了这么多年都不能准确的预测，你作为一个投资人怎么能保证能够预测准确呢？我并不是想推翻你说的风险的本质是投资人并不知道企业未来的变化，所以规避风险首要的是要增加投资人分析研究能力，通过自己有效的研究来提升对企业未来判断的准确性。而集中专注是提高研究能力的关键！这个原理我是同意的。可是我想说的是在现实中很难知道企业的未来，甚至在某种程度上不可能知道，这是我在实践中经营企业的经验和感触，人很难准确预测企业未来，就此问题想和你交流一下。

出资人：某某

2013年10月

收到出资人这封来信之后，我很快回信。我写道：

诸葛亮在隆中被刘备三顾茅庐请了出来，诸葛亮向刘备献上《隆中对》，此后20年的发展完全是隆中对所概括的那种局面。刘备的兴起是因为诸葛亮准确预测了当时的时局变化，诸葛亮做到了准确预测未来。我们都知道世界上有很多战略研究所，这些战略研究所，有的研究对未来的判断是错的，但是也有很多杰出的战略研究所和战略大师，准确地把握了时代的脉络。**研究是一个高难度的课题。这是个高错误率、高难度的课题，但是确实有少部分人通过努力是能预判的，这也是为什么投资是个很难成功的生意，就是因为预判未来、预判企业是很难的，不是说人人都懂、人人都会，但是努力加有一定天赋的人是可以准确判断的。现在比较流行的未来学也是一个证据，未来学家就是遥看未来为己任，有一些著名的未来学家真的是提前给人类指出了具体的发展方向。这些都是证据，少数人在一定的范围艰苦努力是可以准确地判断未来。但由于预测未来是人类所有工作中最难的，所以不是所有人都能做到的。即便是少数的人，不下心血，不长期专注积累也是做不到的。**巴菲特投资股票中也有一部分巴菲特看错了，造成了亏损，甚至有的亏损很严重。我对巴菲特亏损的投资项目进行分析发现，越是巴菲特较少介入的行业，亏损越严重，巴菲特的亏损投资主要集中在制造业、医药和石油，巴菲特一生只买了一家制药企业，而就这一家企业让巴菲特亏得很惨。工业制造和石油企业巴菲特投资的企业也不多，但它的亏损比例很高。于是在这里就再次看到一个投资规律，那就是能力圈原则，巴菲特的能力圈并不在工业制造和石油，所以亏损率很高。只要对这个行业不长期专注，就不可避免理解不深，就容易亏损，巴菲特投资的消费和金融所以能挣钱，因为巴菲特对这几个行业是非常了解的。

所以我们要坚信风险的本质是投资人并不知道企业未来的变化，规避风险首要是要增加投资人分析研究能力，通过自己有效的研究来提升对企业未来判断的准确性。而集中专注是提高研究能力的关键！但确实投资研究是非常非常难的，非常容易出错，因此我们更要集中！

董宝珍

2013年10月

信写完之后，我又遇到了很多同行的质疑，说“你怎么就认为你能够预测的准确呢？”对此，我一直在思考，到今天，我把投资人怎么样调查研究准确分析预测所投资企业的未来做一个总结，在这个总结中主要是介绍怎么样独立调查研究，怎么样获得最直接的一手信息，从而来判断企业的未来。**一方面预测企业未来确实很难、很难，但很多时候是因为市场气氛制造出了一种令你窒息的假象，市场中流传的那些信息掩盖了显而易见的真相，大众不去独立调查，大众习惯人云亦云，尤其相信媒体，相信专家的观点，最后在媒体、专家的误导之下，把一个很没有难度的问题搞错了。只要你独立思考，独立调查，走入基层，迈开双腿，接触你所投资公司的各个方面、各个环节是能知道企业未来的。你不知道，也并不完全是课题难，而是你没有去深入基层。**这就是彼得林奇在他那本著名的《战胜华尔街》一书中所介绍的，他把基金经理的投资成绩和几个中学生选择股票的投资成绩做了个对比，发现中学生的回报更高，他问那些中学生如何选股，中学生的回答是只买自己身边接触到的公司，最后中学生战胜基金经理，基金经理不接触基层。一些善于独立思考、善于走基层的人，可以知道真相和企业未来。**真相和企业未来是一个君子并不隐藏，并不恶意躲起来不让你知道；真相和未来是光明磊落的，他是敞开的，只要你主动去接触他，你就能知道真相和企业未来。因为你没有去主动的独立的走进真相，最后你得不到真相。**

下面的这些内容就是我自己在这一次茅台大博弈中，我调查研究的几个对广大投资者有参考意义的真实经历与大家分享。当时在中国的舆论场上，无论是传统媒体还是新兴媒体，无论是大报还是小报，无论是资本市场还是白酒业内，到处传播着茅台酒卖不动，茅台酒没有需求，茅台从此走下坡路，茅台完蛋了等观点。

下面的这些媒体文章是 2013 年 ~ 2015 年间遍布于互联网上的关于贵州茅台酒卖不动，企业经营陷入困难的报道。

网易财经:《茅台卖不动：批发商 1 个月只卖 3 瓶 称靠它会饿死》

“在水屯市场专门做茅台酒批发生意的老柳现在的铺面已经被方便面和饮料堆满，一些之前进来而没有卖动的茅台酒被堆在角落里，箱子上面已经落上了灰。老柳说，‘限制三公消费的威力太大了，现在一个月卖不到三瓶，我也不指望这个了，要指望这个就饿死了。’”

搜狐网：《茅台尴尬没人买，经销商跪求被淘汰》

光明网：《茅台酒价格下降的空间还远没到头》

“在禁止铺张浪费等‘八项规定’推出后，茅台酒的价格暴跌了6成，其股票价格也缩水严重，以致出现了曾几何时需要求爷爷告奶奶送厚礼才能取得经销资格的经销商，出现了‘给茅台高管送礼是为了减少配额’的现象。‘廉政一搞，茅台跌倒’。也就是从这个意义上讲，现今官场的廉政建设，还远未达标。因此，主要由公款消费的茅台酒的虚高价格，也远未回归到其合理的市场价格的范围之内。”

北京商报：《茅台卖不动“沦落”电话推销》

新浪网：《茅台专卖店老板吐苦水：老顾客见我如见鬼》

文中专卖店老板说：“开个茅台专卖店吧，剔除门面费用和人员工资，前几年一年赚个百把万是不成问题的。但今年基本要倒贴钱了。他们老的经销商800多元能从厂家拿到货，我们这些新开的店，990元进的货，现在倒贴，960元还卖不动，你说赚什么钱呢？开张才3年，房子租约当时一签5年，觉得能长期做，这摊子还得守着。”说话间，专卖店老板打开桌上的电脑，原来他也是茅台股票忠实持有者，K线图清晰地显示，2012年7月16日，茅台的历史高价是266.08元，而2014年1月8日茅台的本轮最低价是118.01元。专卖店老板说：“前两年卖酒赚的钱，这半年多全赔在股票上了，从哪来回哪去。哪年能解套只有天知道。还好，比中石油好，中石油现在跌得只剩1/6了。”他自我安慰说。

面对这样的舆论环境，如果你身处其中，由不得你不相信，你无法挣脱这种舆论所制造的悲观气氛和压力。我身处其中，也看到了这些报道，但是我不相信，因为我心里有一种本能的想法，茅台酒是好酒，人们想喝好酒，这是人性的需要，是人们向往美好生活的需要。如果说茅台酒没人要了，那就意味着人们不再向往美好生活了，这不可能，但是博士、教授、研究员、基金经理、媒体记者、行业人士都说茅台酒卖不动，茅台酒没人要。于是我决定亲自前往茅台镇做实地调研。

拿着简单的行李我出发了，飞机降落于大山之间的遵义机场后，再乘汽车赶往茅台镇，路两边的景色非常秀丽，青山被树木所覆盖，浮云仿佛就在眼前，一抬手就能抓到，西南地区颇具特色的民居在路两旁，散落于树林中。多么美好的景色啊！茅台镇这个有中国股市消费品牌龙头股的西南小镇，今天在资本市场，在中国舆论场上被描写为毫无前途，已经走入不可逆转的衰退，真实情况是这样吗？

在贵州茅台股价低迷的2014年，赤水河静静地流淌，河水清澈见底，两岸景色令人神怡。我将在这里通过走访调研、交谈、观察，核实一个事实：到底茅台酒是不是如同媒体所说的已经没有人买？我的命运将决定于调查结果，最终的事实将会是什么样的，我猜测着各种可能的结果和情况。我把目光从赤水河流淌的河水投向了远处的群山，西南的大山云雾缭绕，景色的确优美，我的调研从何处开始？我需要一个调研方案。

矗立赤水河边一个多小时后，我心里形成了调研方案。我决定首先进入茅台包装车间进行调研，通过观察茅台包装车间的产量，包括工作人员的作息时间来观察茅台的销售情况，因为有一个基本事实，茅台酒最终投放市场之前，都是在茅台包装车间完成包装离开茅台公司进入市场的，所以茅台包装车间的工作量大体是茅台酒的出厂量，而茅台酒的出厂量大体上能够推测出销售量。于是我决定把本次调研的时间精力重点放在茅台包装车间，在包装车间驻扎，在茅台包装车间守候。

次日清早我来到了茅台包装车间，茅台包装车间处于相对开阔平坦的地方，车间前方有一个巨大的广场。我快步走进包装车间，茅台公司提供消费者参观的服务，任何人通过安检都可以沿着参观通道参观茅台包装车间。我先接受安检，当天几乎没有参观者，于是在安检时我与包装车间的保安进行了交流，保安很健谈，也很友善。我问：“最近忙吗？”保安说：“忙得很！去年我们在淡季的周六是不加班的，今年周六在淡季、旺季都加班，去年早上8点才上班，今年7点就开始生产。去年晚上到6点的时候生产就已结束，今年包装车间晚上下班时间正常在8点，个别时间会延到9点。”保安的话展现的是一个加班加点、供不应求的情况，与媒体报道情况截然相反，反差极大。在听到这一消息后我既意外也不意外。

不意外是因为我的理论分析已经得出茅台酒不会没有市场，只要茅台酒价格下降到老百姓能买得起，需求自然会出现，向往美好生活是人性的普遍需要，权贵爱喝茅台，百姓同样爱喝，差别只是老百姓更在意价格！价格下跌需求出现是必然。意外是我也感到现实调查得到的情况与四处传播的信息差距太大了！流行的观点是茅台已经无人问津了，而现实却是加班加点，反差之大让我意外。与保安交流结束后，我看到包装车间的走廊上有一位打扫卫生的阿姨正在工作，为保险起见我决定就保安说的加班加点情况向打扫卫生的阿姨进行核实。我把保安告诉的情况又问了阿姨一遍，阿姨的答复："确实如此，今年特别忙！淡季周六也要加班，每天工作时间比去年长很多。"

没有问题，茅台包装车间加班加点是事实。于是我的大脑飞快地计算，很快算出由于周六加班增加 20% 的工作量，同时每天的作息时间又增加 2–3 小时，我的天！这样算下来茅台包装车间一天的工作量比去年同期增长 40% 多！我有点不敢相信，决定进一步调查。

我登上了茅台包装车间的参观通道，在参观通道上看到茅台包装车间的工作人员正在紧张忙碌的工作，但是，茅台包装车间的参观者无法和茅台包装车间工人直接说话，参观通道是被玻璃封闭起来的。我该如何接触到包装工人呢？正在我想办法时，突然我发现茅台包装车间的工作人员会隔一段时间有人从车间走出，去卫生间。这个卫生间所处的位置，恰恰是外来人员也可以进出的地方，于是我想如果我蹲守在卫生间旁边，在茅台工作人员出来上卫生间的时候，我就可以跟他随机交流，这不就很好地实现了调研吗？

我在包装车间卫生间旁蹲守了较长一段时间，终于有工人去厕所，不过她们均是急匆匆一路小跑，快速来快速走，我抓住难得时机，跟着包装工人也一路小跑问："今年很忙吗？"回答："今年很忙啊！下半年更忙，以前一天包装 2.8 万到 3 万瓶，今年一天一条流水线包装是 3.2 万瓶。"与我说话的包装工人年龄稍大，有可能是班组长。她的回复以量化的方式证明了每天的包装量同比去年增加，之后我又与几个上厕所的包装工人问同样的问题，得到相同的回复。

到了中午工人们从车间出来吃饭，于是我跟着数百工人一起走到食堂。食堂是开放的，非茅台厂员工也可以进去吃饭，但是我没有吃饭，而是在工人们吃饭时抓紧时间和大家交流。我凑到工人们就餐的餐桌边问了每天的下班时间，每个班的工作量。

综合数名工人的回复得到的答案是：

一、今年在生产线工作的人和机器都过度疲劳。由于茅台酒的包装量同比增加，所以茅台酒的生产线几乎是早上一来就开着，全天不停。为了保证茅台酒的包装量，一批系列酒的工人转到了茅台酒生产线，茅台酒的包装线负荷增加，因此导致机器疲劳，机器会因为开机时间较长而出现故障，从而影响工作进度，这也是每天下班时间晚的原因。

二、单日单条生产线产量增加，也导致延长了工作时间。去年一天一条生产线包装量为 3 万瓶，今年一条生产线的包装量是 3.2~3.3 万瓶，平均日包装量提升了 10% 左右。

包装工人陆陆续续回到了车间。我找了一个僻静的地方把一上午收集到的调研资料整理出来。最后的结论是各方面相互印证的事实证明，茅台包装车间的工作量大幅提升。通过保安、打扫卫生阿姨以及多个员工的调查可以确认一个事实，茅台酒单日生产量是提升的，提升比例大约 10%，每 5 天加一班又增长了 20%，因此整个包装工作量大约增加了 30% 左右，这与我根据理论研究得出的数据大体吻合。**此时此刻我的心很平静，所调研的结果与我的理论研究和推算几乎完全一样！我是对的，一些媒体在胡说八道，大众以讹传讹。我掌握了真相，因此我没有风险。虽然贵州茅台的股价在包装车间加班加点的情况下还在下跌，但最终真相会逆转下跌，我需要进一步买入！我已经胜券在握了，虽然当时我的基金净值熊冠全国（同时也熊冠全球）。望着远处的群山我感到我又进步了，我通过调查研究彻底挣脱了媒体和大众释放和布下的迷雾，我从迷魂阵里彻底摆脱！我靠自己的独立思考和实地调研掌握了市场和大众不知道的真相！由于我掌握了市场和大众不知道的真相我将拥有确定的成功！这是基本的投资原理决定的！**站在茅台公司包装车间前的广场上我充满了力量和成就感。我在投资的路上没有老师，我本人也不是科班出身，我一点一点自己求索，逐步搞清了差不多所有的基础投资概念。今天在实践中我又知道了不人云亦云独立思考，独立调查找到真相的重要性。我完成了一次独立思考和独立调研当然有具体的收获，但更大的收获是我知道了独立思考、独立调研的重要性！

我在自己所重仓持股的贵州茅台股价暴跌60%的情况下；在自己管理的基金净值大幅下跌70%的情况下；在所有的人都否定我、远离我、抛弃我、嘲笑我的情况下；在所有的媒体都说我所投资的贵州茅台已经毫无希望，走上了不可逆转的衰退之路的情况下；在所有的人都认为我已经神经错乱的情况下；在到处是悲观、恐惧、绝望的情况下！我基于一种常识性逻辑，相信茅台是中国最好的白酒，相信人们都想喝好酒，茅台酒经历的只是过程性波动。然而我的分析得不到股价的印证，得不到媒体的认同，更得不到大众的认同，甚至得到了专业人士的否定。在这种情况下，我来到了茅台镇，走入茅台包装车间，跟保安、跟打扫卫生的阿姨、跟包装工人做直接交流，交流的结果让我知道了事实真相，让我知道广泛流传的关于贵州茅台的消息是胡说八道、是指鹿为马。我抬头眺望远处的群山，群山在云雾中若隐若现。是啊！云雾可以遮掩大山一时，但不能遮掩大山一世，那些到处流行的认为茅台已经失去未来的观点，如同宣布被云雾遮挡的大山因此消失一样荒谬不堪！人们迟早会知道被云雾遮挡住的大山并没有消失。

此时此刻站在贵州茅台包装车间前的广场上，我的思绪进入了一种抽象的世界，我的脑海深处产生了一些关于投资的抽象认识。**什么是价值？什么是价值发现？真正的投资能力包括什么？我觉得我对这些基础的投资概念和原理有了来自于实践的新认识，这些新认识与书本上的认识不同，它们来自我自己的经历和内心。此时此刻我的心非常的宁静，我感到自己的成长和进步。**虽然我好像在现实层面已经身处绝境，被困境完全包围，**且没有突破的可能，但在我心中我感到一切都在我的掌控中，我拥有确定无疑的最终成功。我的内心被机会、希望、成就感所包围！我为自己的升华而高兴，这种高兴不表现为外在的哈哈大笑，而是内心的一种真实的强大感，真实的成长感，我能听到我自己内心的声音。我环视着茅台镇四周**

的群山以及群山上的浮云，我觉得我已经成功。所有的人都否定我，我几乎得不到任何人的信任！但是唯一不否定我的是我在茅台镇亲自调研发现的事实，事实支持我，我的前途是确定的！思维无限活跃且有点激动的我，此时内心发出一声呐喊：我明白了！我知道了！我明白了什么是价值发现！

2. 价值发现是发现别人没有发现的真相

为什么说价值发现就是发现别人没有发现的真相？以贵州茅台为例，在2013、2014年乃至2015年这段时间，中国的媒体、中国的研究机构到处发布的是贵州茅台酒因反腐将走向长期的衰退，一瓶茅台酒高达上千元，老百姓是不会做这种非理性高消费的，所以茅台因为反腐失去公款消费，同时也找不到民间需求。这样的认知经过广泛传播使得大众被错误观点吞没，大众形成了对茅台经营形势的错误判断，纷纷抛售贵州茅台股票，股价在大众疯狂抛出时自然大幅下跌，于是形成了罕见的低估值。与此同时我不相信媒体关于茅台将走向长期衰退的观点，来到了茅台镇，来到了贵州茅台包装车间，通过和最基层的工作人员，保安打扫卫生阿姨的交流接触，通过亲临现场的观察，发现了真实的情况是茅台酒的销售非常好，以至于包装车间的工人需要加班加点，这个发现使我敢于逆向买入，坚决持股不动。我通过实地调研所发现的茅台真实的经营情况，就使我有勇气低价买入，敢于在别人卖出的时候去加大买入，从而最终获得了明显的大幅度的回报，我所获得的回报何以能够产生？是因为我发现了大家没有发现的真相，**我通过调查研究发现了大家对茅台情况的理解是完全错的，于是我沿着真相所指引的方向果断买入，这就实现了对价值的发现，对价值的占有，从而最终获利。茅台案例强有力的证明价值发现就是发现大众没有发现的真相。如果这个真相大众都发现了，那茅台股价不会下跌，没有下跌，也就没有那么低的估值水平，从而也没有那么大的安全边界。如果我和大家一样也人云亦云偏听偏信不去调查研究，我也发现不了真相，我也无法获得低估值安全边际，因为我没有发现真相，我和大众都**

是被假象误导。价值发现就是发现大众没有发现的真相，反过来说价值就是没有被大众发现的真相！

不人云亦云偏听偏信，去独立调查研究本身没有任何复杂性，我在茅台包装车间待了一天就知道了被掩盖的真相。这项工作无任何能力性要求，只需要有一种精神状态，你相信基层的事实，相信你看到的真实情况，听到真实情况，就可以得到真相，由于你得到了真相你就拥有了财富，这是多么简单的投资道理啊！过去我的认识还不是特别清楚，今天我自己亲自走了一遍，做了一遍，我完全明白了价值发现就是靠独立思考、独立调查研究发现别人没有发现的真相！

获利的一般原理和一般模式是在所有的人都认为某个公司没有前途，但是你通过研究和调查发现公司有前途，大众是错的，你就能获利，在大众主流认知错误地理解了基本面，错误地理解了公司的前途，你在社会主流认知错误的情况下，却能够实事求是的分析，迈开双腿去调查，那么你就掌握了真相，你就发现了价值，就能获得财富。我也真正明白了什么是投资能力，真正的投资能力是独立思考能力和调查研究能力，是在大家都错误的情况下，大家都糊涂的情况下发现真相的能力。

在很早的原始社会，人与野兽互为菜谱，弱小的人类为了面对猛兽活下去，必须结成一致行动的群体。人类能结成群体需要大部分人放弃自己的观点，无条件融入群体，那些坚持己见的人，会被排除出群体最后被淘汰。放弃独立思考是融入群体从而能在群体的庇护中活下去的前提，漫长的自然选择，逐步让绝大部分人在基因层面具有了不独立思考的从众的本能。群体稳定存在的前提和基础是大部分人不思考只知道追随，少部分人负责提供思想。只有极少数人负责提供观点和意见，绝大部分人追随这个极少数人提出的观点和意见，群体才能稳定的存在。这种绝大多数人不思考，少部分人负责思考的结构是群体稳定的保障，群体的稳定有助于群体成员的生存，这在人类进化的早期是有其积极意义的。

但是在现在的金融市场上，这种由自然选择和进化形成的人性本能就有害了。在几百万年进化之前，个体融入群体是活下去的基本保障，从众、无条件地融入群体对个体来说是一种巨大的利益，自然选择淘汰那些不能无条件融入群体，总要独立思考的人，淘汰总有一套自己想法的人，自然选择淘汰、惩罚独立思考的人。恰恰相反，资本市场奖励那些不接受现成思想，时时刻刻独立思考的人，市场惩罚淘汰那些从众者！获得超额回报必须与众不同，必须独立思考。资本市场的奖惩机制和大自然的自然选择奖惩机制截然相反！这是一个镜像世界。要获得超额回报需要脱离大众，独立思考，有自己的思想见地。这就需要你与潜藏在你意识深层的人性本能做斗争。

3. 发现大众没有发现的真相需要坚持原则

发现大众没有发现的真相，首先是你要有一颗求真的心，有一颗不人云亦云的心！有实事求是独立思考的精神！要有“没有调查就没有发言权”的信念，其次才是那些具体的方法和手段。要有追求真相的心，要有克服基因层面所存在的从众的人性本能，拒绝接受现成观点，拒绝追随大众。在这种信念没有建立之前，任何方法都没有意义。一个投资人在面对某些市场中的问题的时候，首先是要在自己的内心树立起几个坚定不移的原则：

第一，**不能人云亦云**，不因为某个观点广泛传播而自然接受，虽然某个广泛传播的观点在人性本能层面会导致你不由自主、自然而然地接受，一定要克服这种人性本能。

第二，**不要不假思索完全听信专家的观点**，专家是一个非常复杂的物种，他说的是真是假，他是为了求真相还是谋私利，这个你是搞不清楚的。专家的水平怎么样你也不清楚，某些舆论媒体可以把一个名不见经传的阿猫阿狗包装成一个专家、科学家甚至作家。不要轻信专家，专家不值得你给他那么高的尊重，你要怀疑专家，专家在传播错误观点上的贡献远大于揭示真理。

在惊天动地的茅台大博弈中，白酒专家们、投资专家们也是一个重要的角色，其中我本人和一位 W 白酒专家围绕着茅台进行了理论辩论，W 是白酒界的权威专家，其在白酒产业一言九鼎，他的任何一个观点，哪怕是非正式场合随便说的一句话就能立即登上了酒类专业媒体的头版头条，人们从不敢轻视他的观点。2014 年初 W 专家就茅台酒价格走势和茅台经营发表如下观点：

“茅台的批发价在 900 元，现在茅台的高价处在一种极度脆弱的平衡中，非常危险，茅台一旦垮塌，就会从 850 直接降到 750，说不定很快就是 650，最后茅台就会被迫降出厂价。”

“春节期间脉冲式的大众消费：近期茅台因为需求不振批发价较低，市场追捧度已远不如去年，2013 年是不是茅台最好的一年？（暗示茅台走向了下坡路）茅台的品牌护城河还能否继续为企业业绩成长持续保驾护航？”

W 白酒专家始终认为茅台酒的价格会长期下跌无法止住。茅台因此走向长期衰退。我基于自己的理论思维模型和实际调研，发现他对贵州茅台经营形势的判断是不正确的，所以公开在网上发表文章反驳他的观点，指出其错误，发布我认为正确的观点。我认为茅台酒价格的下跌会刺激民间需求，民间的需求早就是客观存在的，只不过是过去价格太高，使老百姓买不起，只要价格跌到老百姓的消费能力可承受范围内，民间需求就会涌现，价格下跌到 1000 元附近，就会激发出民间需求而止跌，在 1000 元附近会激发出大量民间需求。

人们毕恭毕敬的把 W 专家的观点视为来自真理裁判和先知的洞见。我的观点激起了一阵又一阵的讥笑，更有人认为我不自量力竟然敢跟 W 专家进行辩论。在一场全是投资界研究员和基金经理参加的交流会上，W 专家再一次不屑一顾地说：“投资界的董宝珍，天天在网上和我论战，茅台股价从 200 元论战到 130 元。现在搞的在裸奔。他的理论很简单就是茅台低价也有道理高价也有道理。”台下发出哄堂大笑，我成了 W 专家在演讲时调剂气氛的佐料。

最后的事实是白酒产业和茅台的走势，完全否定了 W 专家，完全证明了我的观点是正确的。2014 年有来自新加坡、香港地区、伦敦、多伦多以及纽约的投资机构，委托调查公司找到我，向我询问茅台经营情况，在听取我的观点过程中，他们也告诉我，他们同时访问了 W 专家。2017

年中期，几位在2014年买入茅台的海外投资机构的基金经理再次见到我，跟我说："现在看来你是对的，但是当时我们偏听偏信了W专家，对你的观点重视不够，以至于我们的买入量不足，错失历史性机会！"我好奇地问："为什么当时你们找我询问，却不敢相信我的观点，更相信W专家？"海外投资机构苦笑道："我们犯了太信专家的错误。"

第三，**投资不能盲从媒体宣传。媒体要服务于大众，如果脱离大众，媒体的受众就会减少，为了吸引更多的受众，媒体必然会保持自己的观点，照顾大众的认知理解能力，因此，不要指望在媒体的指引下按图索骥。媒体发表的观点是和大众站在同一阵线。**大约2014年初，也就是贵州茅台股价跌到最低点的时候，我接到一个电话，对方是一个我认识的记者，她很客气地说："董老师！您能帮我一个忙吗？我今天早晨就出来了，参加了两个消费食品公司的信息发布会，现在刚刚回到报社，总编刚才又临时交给我一个任务，让我写一个茅台的稿件，您能不能提供点素材？"我说："可以！你大概需要什么方向素材？"她说："想了解下茅台价格走向。"我就耐心给她讲了茅台酒的价格持续下跌并不意味着没有需求，主要是前期一些囤积炒作的库存，因为茅台酒价格下跌疯狂地抛货，这些囤积炒作者本身不是直接消费者，他们的买卖行为是越涨越买，越跌越卖。茅台酒价格降到足够的低，达到了民间消费的承受力，民间需求就会大幅涌现。所以下跌某种程度上是好事，我在阐述这个观点时提到了一个专业名词叫作"一批价"（指的是茅台酒从专卖店批发给下游的一些零售终端的价格）。不幸的是我听到了一个让我震惊的回复："董老师什么是'一批价'呢？"我没办法耐着性子给她解释了"一批价"，这篇文章总算给她凑合完了。第二天我拿到了她发来的正式稿件，我惊讶地发现她完全没有按照我的意思来写，我说茅台酒价格下跌是有利于民间需求的增加，她却在文章中写成下跌是没有需求，没有买家，茅台前途堪忧。我非常不满地问她："你为什么曲解我的意思？"对方说："董老师，没有办法，我们媒体不能够提出一种与现在主流观点相反的观点，那样就没人看我们的报纸。"这位记者无意中道出了她所在媒体的行为取向，那就是哪热闹就报道哪里，当市场上已经形成一个主流观点时，他们绝不违反这个观点，只不过是添油加醋炒作这个观点。对此我认识的一位国内证券媒体的主编跟我说："在媒体这个圈子比股市更容易出现羊群效应，而且常常是媒体先出现羊群效应，最后影响股市出现羊群效应。因为当社会发生一个重大的事件的时候，作为一个媒体，假如你不报道大众正在关心的这个热点，大众就不看你的报纸，你就被淘汰了，所以媒体必须顺着大众的关注去报道热点。而在报道热点的时候，你只能是沿着已形成的观点，进一步地去探索，你不能提出一个与现存观点相反的观点，那样大众也不会看。"因为媒体的读者是大众，大众关心什么就围绕着那个热点，顺着那个热点来阐述。绝大部分媒体是通过参与一个热点，扩散一个热点，来实现自身的利益和发展的。在这种情况下，你看媒体来做投资决策一定是不利的。

下面是我给投资人统计的2013年、2014年媒体对茅台将走向长期衰退的报道题目，大家可以去搜索当时的文章，都在有理有据论证茅台不行了，今天看来都是信口开河！如：

《茅台的权贵消费一去不返了》《2013年最差私募否极泰 坚持价值投资仅余三毛半》《白酒的骗局》《茅台与腐败脱钩》《茅台酒为什么最近有点烦》《飞天茅台跌至千元没人敢买》《贵州茅台股价狂跌仍有粉丝 三年内或跌至60元》《直击茅台AB面：53度飞天茅台跌破千元 成箱堆在库房》《茅台交近十年最差中报成绩 股价惨跌创两年半来新低》《茅台遭反腐风暴重创 半年报史上最差股价跌停》《贵州茅台史上第三次跌停》《茅台股价罕见跌停 酒股熊途启幕》《53° 茅台酒跌到700？》《多地飞天茅台跌至800多元》《飞天茅台价格将跌破千元 部分超市已停止进货》《茅台卖不动"沦落"电话推销 业内：损高端形象》《公私募热议贵州茅台放量跌停 后市看空偏多》《我看空茅台的底气》《茅台酒面临价格崩盘》《茅台一批价或跌破出厂价》《茅台历史上的两次危机：价格大跌 这次如何度过》《茅台价格暴跌腰斩 百元仍无人敢买》《反腐致茅台价格一落千丈 飞天茅台难"飞天"》《茅台酒的骗局》《茅台酒面临价格崩盘》《盘点历年茅台酒价格：由7元到2000元再跌破千元》《茅台走下神坛：市场价大跌60% 白酒黄金期不复返》《高档酒成官场敏感词："一喝茅台就麻烦了"》

《茅台内部人士：政府现在只用两三百块的酒》《茅台酒价格跌回 5 年前无人问津 销售员闲到打瞌睡》《光环不再！茅台酒 2000 元跌到 800 元 仍旧没人要？《茅台价格两年跌 60% 说明了什么》《茅台大跌仍没人要：两年前 2180 元现在仅 988 元》《53 度 500ml 飞天茅台跌破千元》《“双十一”知名白酒跌破出厂价 茅台从此下神坛》《茅台一批价或跌破出厂价 经销商称价格迟早倒挂》《茅台酒——就是腐败的代名词》……

第四，**不接受只有结论、没有证据和论证过程的观点。**

第五，**不要接受自己没有验证的观点。有时你看到了一种观点，他逻辑脉络清晰，证据也充分，却具有更大的欺骗性。**比如说白酒专家论证，没有人买茅台，他的论证还是有理有据的。我看过大量的在 2013 年否定茅台的那些白酒专家们的文章，其往往要写几千字，甚至万余字，似乎里面也有一个逻辑，也有一个证据，甚至提出了独有的概念。他们的文章真的是有证据、有逻辑，但是你要去验证它，你要用你的逻辑，你掌握的常识，你掌握的被实践证明有效的东西去反复验证它，一个完整的求证过程，也有可能是错的。那么对与不对，要在实践中找证据、找验证，就像我跑到茅台包装车间去验证它到底卖得好不好，没有验证就没有真相。我在茅台镇通过验证就知道主流观点是错的。如果通过验证证明主流观点是对的，你也就知道你是错的，也就会重新调整自己的观点。

4. 投资人要有求真的心

这种求真的心的建立，与其说是一种方法，不如说是一种精神气质。你不能够相信别人，你要有一种自信，能够发现问题。我的自我求证、思考分析的过程，完全梳理一遍所形成的结论，我才接受，没有我自己站在那里对一个问题的分析、推敲、求证、验证和调查我是不接受现成观点，我是不下结论的。我拒绝接受人云亦云的现成观点，拒绝接受专家的观点，拒绝接受媒体的观点，一定是在自己调查完以后，才能形成这个结论。

说到这里，就又回到动物本能。我们说过 95% 的人在基因层面，他就没有这种独立思考，求真的心，他克服不了他的本性，在基因层面就控制他永远和大众保持一致。这就引出我的一个观点：价值投资是需要天赋的。**我接触的中国非常好的价值投资人，他们的人际关系都不太好！为什么？因为他们都具有很强的求真精神，他们几乎是逆着大众行事，与现成的观点格格不入。他们主要的精力都放在认真调研分析上了，就没有时间去揣摩其他人的心理，也就无法在一个群体里八面玲珑，如鱼得水。再加上他们强烈的是非观，不会和稀泥，这就会让人敬而远之，甚至遭到没有来由的谩骂与诋毁。**价值投资者是言行一致坚持自己想法的人，常常在群体里被贬低为偏执和一根筋。一个真正的价值投资者，他还是有一些性格上的天生优势的。他的智力固然也是一种要素，但是主要还是个性。巴菲特说过投资不是智商高就能投的。**投资成败关键不是用高智商战胜低智商的，求真的心才是关键！如果一个人从小就学会了顺水推舟、八面玲珑、无限圆滑，那他最后做不成投资，求真才能发现别人和大众发现不了的真相。**

以上就是我当时在茅台包装车间广场前的顿悟和事后的深思。

我沉浸在这些思绪中的时候，时间不知不觉到了下午 6 点，正像保安和打扫卫生阿姨介绍的情况，6 点钟并没有大量的包装工人从车间走出来下班，不过有两个工作人员可能是家中有事，从包装车间提前走了出来。我上前与之交流，她们再一次确认今年是历史上最忙的时候，从其他车间抽出工人转到茅台酒的包装生产线加班加点生产。我问两位女工："今年为什么如此忙？"她们给出的答案是："一是过去 2000 元一瓶的茅台现在 900 元老百姓买得起，所以会大量购买。二是茅台在全国建立了很多中转库，一些成品酒存放到了全国中转库。"

两位女工匆匆地离去了，显然确实是因有事请假提早下班了。然而我在听了两位女工所说的话之后，内心发生了翻天覆地的变化，这种变化之迅疾之剧烈，让我想起了《三国演义》中的一段故事。

赤壁之战开战之前，周瑜登高山观望曹军水寨，恰遇起风，风吹旗帜扑打在周瑜脸上，正在观望曹军水寨的周瑜，被风吹起的军旗打到脸上后，突然大叫一声，口吐鲜血摔倒在地，不省人事。周瑜昏倒的原因是火烧曹军遇到了一个关键的技术性问题。当时只有西北风，没有东南风，在没有东南风的情况下，点起火来在西北风的吹拂下，会向南边烧过来把自己烧掉。周瑜设计的火攻曹军在各个环节上已经成功，但是百密一疏，没有东南风，火烧曹军因此不能实现。

我当时的心情也是这样子。我与周瑜的差别仅仅是没有昏倒在地。因为我设计的调研逻辑是茅台包装车间的工作量，等效于茅台酒向市场的投放量，从而就等于市场的销售量，因此知道了包装车间的产量就可以知道市场的销售量。现在提早下班的女工告诉我，包装车间加班加点生产，有一部分是放到新建的中转库，因此加班加点生产出来的酒有可能填充了中转库，而没有投放到市场中。这使我设计的调研逻辑出现了一个硬伤和逻辑漏洞。在茅台生产出来的酒有部分投放到中转库，填充中转库的情况下，就不能得出茅台包装车间加班加点生产是市场需求的表现。于是我所有前期的调研逻辑在这一刻被推翻了。

当我在茅台包装车间做了近一天的调查研究，发现包装车间加班加点生产、马不停蹄、产量大幅增长的信息以后，我首先是感到已经胜券在握，感到大局已定，感到胜利非我莫属。然而，两位提早下班的包装工人告诉我，他们的加班加点生产有一部分是要包装给中转库的，我的内心感到的是得而复失，煮熟的鸭子飞了。

我的内心遭受了大约一个多小时负面情绪的侵扰之后，开始重新回到了理性思考的状态，我在茅台镇的调研已经证明茅台包装车间正在加班加点的生产，问题只是发往全国各地的货，有可能进入了中转库被存储起来没有进入终端市场，现在我应该赶往中转库去核实中转库的情况，我必须再去中转库调研，对，去中转库！决定做出后，我立即返回北京。

回到北京后，我第一时间查询资料，确定茅台北京中转库的地址，之后按照所获取的资料信息和地址于次日赶往茅台在北京的中转库。也许是我太着急了，我赶到了目的地后，发现这个库房并不是茅台中转库，库房值班人员告诉我，茅台中转库在北京市朝阳区黑庄户乡，离此地还有20多公里。于是我马不停蹄赶往黑庄户乡茅台中转库。赶到之后已经是中午了。黑庄户乡大力发展仓储经济，所以一到黑庄户乡的地界，你就会发现连排的库房，有工业电器的库房，家电的库房，食品的库房，饮料的库房。按照标识我很快找到了酒水的库房，这些库房都是企业投资建成的标准的库房，然后租给有需要的企业。比如酒水库房里面就有茅台仓库，五粮液、张裕、二锅头、燕京啤酒等企业也都在那里租仓库作为中转库。库房由统一的保安公司管理。酒水库房非常之大，有几个足球场大！来到酒水库房大门口我才发现，库房不允许任何没有通行证的外人进入，只允许持有完善的提货手续的人员和车辆进入。如果你没有提货手续，也不是这里的工作人员，无论如何进不去，我被挡在了库房门外。库房大门车辆进进出出，车水马龙，络绎不绝，每一辆车进去之前都要填一个表格，说明自己是谁，来干什么，还有出示自己的证件，出来的时候也要填一个手续，提了多少货，什么时候离开的，提的是什么。

我在库房大门外只能和保安交流，库房太大了，你不进入里面，不到茅台的存储库，你是看不到关于茅台的信息的，所以我想方设法想进去。但是无论如何从正大门是进不去，于是我沿着这库房转了一圈，我想有没有一个小门，供工作人员进出的通道，我可以通过小门进去，绕了一圈没有这样的小门，我又回到了大门。没有办法，只好跟保安人员交流，保安人员告诉我，每天进出的车辆太多了，记不得是来拉什么，于是我只好在门外矗立着，等待着可能出现的机会。

时间过去了两三个小时，已经到了下午四点。仍旧一无所获，难道就这样白来了吗？我略微有点着急！正在苦思良策时，我无意中看到车辆进入和出来时门口填的登记表，一直放在岗亭里的桌子上，登记簿会不会有我需要的信息。历经几个小时，保安跟我已经混熟，我问保安我能不能看看这个登记簿，保安说可以。我翻到第一页的时候，就一下子意识到，我不需要进入库房了，登记簿比我进入库房的价值和意义还要大，因为那上面就清清楚楚地列了过去半个月以来，进入这个库房的所有提货记录。感谢这个库房没有实现电子化，而是用手工纸和笔的记录方式，半个月内的信息都记录在上面。于是我非常认真细致地看登记簿，看着我的心一下子完全畅亮起来。在登记簿上记录的每一页都有进入库房提茅台的记录，茅台的提货记录是所有酒水中频率最高的。按理说茅台是高端酒，一瓶一千块，但是茅台的提货记录要比很多低端酒的提货记录还频繁，像什么二锅头，按理说便宜的酒更容易卖得多，但是从提货记录看，茅台的提货记录要多于低端酒，甚至于跟啤酒的提货记录差不多。半个月的数据清清楚楚地显示着酒水库房里提货最频繁的是茅台，其它高端酒，如五粮液的提货记录，连茅台的五分之一都不到。小小的登记簿证明了茅台在中转库里根本没有机会被堆积，被积压。

登记簿打消了我在茅台镇听到两个提早下班女工说的，他们加班加点生产出来，就有一部分放到了中转库房的疑虑。现在我又看到中转库房的茅台酒极高频次的提货记录，证明茅台酒在中转库没有积压，只是中转，一下子我完全确认我的所有逻辑最终被事实证明是真实的。在茅台镇的时候，女工告诉我说库房有一部分是放到库房里的，我就形成了万事俱备，只欠东风的不安。现在东风已具备了，我已经完全在现实中用实实在在的证据证明了，茅台酒的销售是供不应求的，根本不存在媒体说的那种困境和没有需求。调查研究出真知，调查让我掌握了真相。虽然这个调查过程很曲折，但是这个曲折的过程反而更强有力地证明了我所认识到的事实是真实的，是客观的。它们从不同的侧面和角度印证了茅台的需求很旺盛。包装车间加班加点生产，拉到中转库里，中转库车水马龙，络绎不绝地拉向市场，一切都是那么的严丝合缝。我完成了一次调查求证，获得别人没有发现的真相。

时间已经到了傍晚的六点，天已经开始黑了，我忙碌了一天感到很饥饿，于是来到黑庄户村的一个餐馆里。要了一盘水饺，正要动筷子吃，突然电话铃响了，电话里传来的是我一位投资机构朋友的声音，他紧张带焦虑的语气问我："茅台股价又大幅下跌了，你觉得茅台现在有危险吗？还有价值吗？"我把这一趟调研的过程跟他说了一遍。我告诉他茅台没有实质风险，茅台酒的销售生产经营一切正常且蒸蒸日上！他听我的观点，将信将疑，我说："你可以按照我的路径来调研一趟，你只要走完了这趟调研自己就知道茅台的经营。我可以把我这次调研的方法、路径、注意事项写个文字方案发给你，你按图索骥照方抓药就可以知道真相，找到财富！”朋友说：“好吧！你写好发给我。”

次日我马不停蹄将这一次的调查过程、方法和结论写成文章，然后我同时发给我的基金的出资人和朋友，以及投资机构的负责人，这些投资机构的负责人绝大部分是海外的投资基金，海外基金在茅台下跌时买入茅台，同时通过调查公司找到我，寻求我关于茅台的看法和观点，因此我会把我的观点发给海外基金。信件的主要内容如下：

我将自己在调研过程中感知到的情况和信息综合在一起整体分析后认为，客观上茅台的基本面和销售形势已经复苏到了本轮行业调整之前的状态，出现了真实销售以30%左右的速度增长的新成长态势。我最主要的依据是来自于茅台包装车间一天的调查，在包装车间和车间保安、清洁工和数名包装工人直接交流后得出的。任何投资机构只要到茅台包装车间做不少于半天的调研，就会了解并掌握茅台的真实销售情况。包装车间的出厂量，包装工人的加班情况，包装工人的每一天上、下班时间长短，以及包装工人今年加班情况与去年的对比就是市场销售的增长情况，二者是完全的函数对应关系。

通过保安，打扫卫生以及多名员工的调查可以确认一个事实，茅台酒单日生产量是提升的，提升比例大约5%，每5天加一班就增长了20%，因此整个包装工作量大约增加了25%，这与茅台财报中实际销售增加30%的数据大体吻合。结合我在包装车间与众多包装工人的接触交流以及各方面分析，事实应该是茅台酒2014年的真实销售增长在25%~30%之间。

面对这组数据一个非常难的问题是对这个事实的解读，为什么会出现这样一个大家都没有想到的增长状况？在茅台公司内部出现了两个声音，一种观点认为这是正常和自然的，因为价格下来了，必然激发起需求增长，老百姓手里有钱。另一种观点认为经销商利润很薄，现在的销量增长是通过挤压渠道利润实现的，是不可持续的。经销商利润薄是销售和供需关系不稳定的直接表现，因此茅台的经营还在转型的过程中。

我对为什么会在2015年出现较高真实销售增长的思考如下：

过去几年我对茅台的思考中有一个基础原则：茅台酒的价格几十年来

与人均月工资收入维持一定的比例关系。当茅台酒单瓶价格在人均收入的三分之一处时价格见底将会上升，当茅台酒的价格是人均月收入二分之一时价格过高开始下跌，茅台酒的价格始终在人均月收入的三分之一到二分之一之间波动。这个基本观念在过去对很多与茅台有关的问题进行分析，得出结论大体都是正确的。今天我们看到，当下茅台酒的价格与人均月收入的比例只有四分之一，远低于历史最低标准，按照低于三分之一就应上涨，近二三年维持在四分之一水平，过低的价格转化成了销售增长，价格之所以二三年长期低于历史最低水平，是因为产业转型的过程中，整个白酒渠道发生了重大的革命性变化，渠道在新的体系形成之前不敢加价；第二个原因是茅台的价格与五粮液的价格差太近了，目前价差也是最近十年来最小的，正常情况下茅台酒和五粮液的价差在30%左右，现在这个价差小于30%，只有200多元，在茅台卖2000元的时候，五粮液卖1200元，差800元比例关系差了40%，现在只差200多元，比例关系也只有25%，200元的价差对于大量的以促进人际关系为目的的消费者，200元的价差不值得去放弃第一品牌而购买第二品牌，多花200元得到了第一品牌，他的实际收益远超过200元。所以茅台酒价格与人均收入的比例创历史最低，与五粮液的价差也处于最小阶段。由于互联网的崛起和白酒渠道大裂变的持续化，一段时间内酒价将维持现有状态。我的结论是因为相对于人均收入和竞争者的价格处于历史最低水平导致了销量增长，销量增长是可持续的，这是一种基本经济原理导致的销量增长。

在包装车间所反映的事实，结合一些中层干部以及各驻外地的负责人的谈话，结合财务报告中出现的数据，应该是客观基本面出现了30%左右的增长，而这种增长我认为是可持续的，是来自于深层的本质因素所推动的。于是现在贵州茅台身上出现了罕见的更巨大的安全边际，目前将要出现和正在出现的安全边际的性质是，市场参与者根本没有发现已经真实客观发生的持续高达30%的非偶然可持续的成长。从而市场参与者要么是不知道这个事实，要么不承认这种事实是可持续的，于是在茅台可持续的20%-30%的新利润增长已经完全出现的时候，股价和估值却很低，所以它出现了对客观成长不知和不反映的新的安全边际，而这一成长态势将在几个月后会出现在公开财务报告中。基于这种客观事实和主观分析，我认为茅台已经确定无疑地发生了一个对新的成长不反映所导致的安全边际。

关于茅台经营形势发生快速成长的情况，可以通过亲自前往茅台新包装车间调查，茅台有多个包装车间，其中新包装车间规模较大，并且该车间设立了专门的参观通道可接待社会人士，如果到新包装车间可以以投资人或者潜在投资人身份，找董事会秘书处开一个参观介绍信，直接以个体游客的身份也是可以进入参观，参观是茅台包装车间一项对外服务。

新包装车间提供一个参观走廊和可以自由出入的参观大厅，参观者可以停留任意长的时间，这时会有保安以及保洁人员可作为交流对象，他们都确定的知道茅台包装车间过去几年加班情况和上下班时间变化，通过保安和保洁就能知道工人的加班的同比变化，以及每一天上下班时间的变化。但是保安和保洁不能提供包装量以及包装生产线上的具体情况，这时可以在参观大厅等待包装工人出来上厕所，或者他们集中出来吃饭时与包装工人交流。

此时几乎所有的包装工人都会出来到附近的职工餐厅，这时可以和这些包装工人有直接的半个小时的面对面交流，他们可以提供生产的情况和加班的具体时间，工人没有防备心，彼此态度友善均无所不答。

同时可以到物流公司观察物流情况，从包装车间包装好的酒直接装上了大卡车。

这些从包装车间由物流公司卡车拉上的酒，立即发往各地的经销商，如果方便也可以与物流卡车和运输工人交流。包括物流司机、物流的搬运工人都知道运输量，这个运输量与市场的销售是同一个概念。我在当日因运输部门周六休息，未能与运输部门的工人直接接触，以上调查是非常便利的，如有任何不便利或者不清楚可随时通知我。我在茅台镇也有一些认识的基层工作人员，他们能够提供各种协调配合，大部分中高级管理层一般不能提供有效的信息，他们有一些警觉，所以重点在于基层的工人，包装车间是完全与市场真实销售一样的信息源。有什么不清楚的地方随时联系我。

董宝珍

5. 必须要有一手的独立的信息来源

这个价值连城的信件，同时发给我国内的朋友和海外的投资机构。然而，所引发的结果却是完全不同的，我的国内朋友虽然非常关心茅台的真实经营状况，而且他也确实投下了很多钱在茅台身上，但是他却没有沿着我已经趟开的路去调查，最终遭遇了他有生以来最大的一次投资失败。而远在大洋彼岸的海外投资机构，得到这封信如获至宝，马上派人来到了贵州茅台，沿着我所提供的路径实地走了一遍，这一趟调研完成之后，他们加仓买入了茅台，最终获得了几十个亿的利润。

我这位朋友也是信仰价值投资的，他对价值投资基本原理理论的理解深度是超过一般人的。他在自己的言谈和发表的公开观点中，多次引经据典地按照价值投资逻辑分析了很多问题。但是，后来我知道他在巨大的压力下崩溃了，在 100 元卖出茅台。

2017 年当茅台涨到 700 元时，我和朋友再见面时，他说："在这一次茅台大博弈过程中，我没有能坚持价值投资原理，最终崩溃，在该买的时候割肉，原因是我没有做价值投资最重要的一项工作！价值投资者必须深刻的了解自己所投资公司的经营本质和真实状态。我虽然掌握安全边际理论、竞争优势理论、护城河理论，但我没有去认真地调查研究。我对贵州茅台的理解深度不够，对贵州茅台的现状没有了解，我还不是真正的懂自己所投资的公司。这一次足以写进教科书的茅台大博弈过程中，国内投资界绝大部分人在股价持续下跌百分之六十时都倒掉了。我们这些人所以做了对自身利益有害的事情，**在历史性千载难逢的投资机会面前反而亏了大钱，伤痕累累，就是因为我们不了解自己所投资公司的真实状况，没有去实地调查，只依靠间接的信息做决策，我们应该和你一样迈开双腿走入基层，走进企业，亲自去观察获取直接信息。但是我，还有那些掌握巨额资金的人都没这么做，被媒体释放的错误信息和流行的与实际情况相反的信息误导。**其实你建议我去亲自调研，只要我亲自去调查一下，就不会犯下这么严重的错误，所以我特别想对你说，我完全同意你说的：价值是没有被大众发现的真相。价值发现就是发现没有被人发现的真相！”我说：“你有充足的时间和资源去任何地方调查研究，但你不去，而是在办公室东打听，西打听，看三流小报的报道。**真相是个光明磊落的真君子，它并不隐藏，你没有发现它，是你不去发现它，你不去调研。**贵州茅台包装车间是一个有开放参观通道的车间，你进入这个地方是完全可以看到车间流水线忙碌的状况，你可以和保安、卫生员，包括来餐厅调查研究，这些信息都是开放的。但是你们就是不去。要自己去最基层掌握一手信息、一手资料，投资博弈一定程度也可以说是一场信息博弈。我深入读过《孙子兵法》，我的投资思想受到了《孙子兵法》很强烈的影响，《孙子兵法》对我最重要的启示是《孙子兵法》最讲究调查研究，《孙子兵法》反对打起仗来靠拼杀来规避战争风险。调查的作用就是要事前预知有没有风险，如果有风险就赶快跑掉，别打了。如果知道没风险，可以启动这场战争。《孙子兵法》最后一章就是专门讲的如何去调查，那一章的名称叫用间篇。用间篇完全可以指导我们投资人去实地调查。专门论述如何通过组织间谍人员获取一手资料，间谍是最重要的一个兵种，因为他们是用来探窥消息的，是协助决策者知己知彼的，孙子在书中写道：‘战争非常残酷、且消耗巨大，为了省钱不肯重用重赏间谍，以致不能了解敌情而导致失败，那是不仁到了极点！’孙子认为对于间谍的忽视是最大的罪恶，因此要重视间谍的使用。《孙子兵法》这一章本质强调独立信息来源和独立调查研究的重要性，如果没有独立信息来源就无法实现先知，全知和无所不知，知己知彼都做不到。**对于《孙子兵法》强调组织间谍获取独立的信息来源，我也有很强的个人体会，任何决策成败的关键在于原始资料和信息的客观性和真实性，得到客观真实的原始资料，必须要有一手的独立的信息来源。我们资产管理者须把建立独立的信息来源作为基础的战略工作，要建立独立的信息来源，必须较长时间的专注于某个行业才能够形成独立信息来源。如调查实际上是现代商战，包括投资信息博弈时最重要的战场，你对信息的获取方法渠道来源一定要直接掌控，绝对不能靠间接信息决策。我曾经专门说过这样一个观点，投资靠买研究报告做决策是花钱**

请别人替自己谈恋爱。你买来的报告看完以后，表面上你觉得明白了，其实你不明白，你自己没有去思考，没有分析，没有调查，对现实的理解深度不够，一旦有一点波动，你就站不稳，立不住，最后做傻事。”朋友说：“你说得对！我在付出巨大代价后，现在明白了你说的这些道理。”我说：“你看巴菲特，他一生所投资的公司很少，重仓股就那么几个，但是他一天很忙，他忙什么呢？要么是读财报，要么就是调查研究。所以这里面就有道理，价值投资唯一的工作是调查研究、分析思考，价值投资是靠研究、分析、调查来知道真相、掌握真相，从而规避风险的。你看价值投资没有什么复杂的技战术，它的规避风险就是调查研究，就是要知道实际情况。因为实际情况被你掌握了，你就获得了躲避风险，把握机会的主动权。”朋友说：“我完全同意！”

我们把话题引回中转库调研现场。在完成了这次调研后，我完全知道我已胜券在握，我处于难得的历史大底投资机会中，我以极其淡定的心态看待着眼前的起起伏伏，因为我心里有底，我知道事实和真实情况。最终经历了三年的曲折，贵州茅台从100元涨到了700元，我获利丰厚，我管理的否极泰基金在先账面浮亏70%，基金净值从1元跌到0.36元的情况下，之后基金净值一口气涨了20多倍，最高涨到10元！

这一次调研以及这一次惊天动地的历史性大博弈结束后，我对很多基础的价值投资概念有了全新的认识，这些认识完全来自于我自身的实践，而不来自于书本。**过去我从书本上读了很多关于投资的基础概念，我觉得我似乎是理解了这些概念，但是现在我感觉有些理解是不正确的，而对有些概念的理解又有了新的体悟。**以价值投资来说，最重要的基础概念是价值，那么什么是价值？教科书上说价值是长期现金流的折现。仿佛判断价值主要是一个计算过程，是一个会计学过程，但事实上会计并没有大规模成为杰出的投资家。我在这次历史性大博弈中理解的价值，不是一个计算的过程，我新的理解是价值是被掩盖的真相，或者说价值是大众不正确认识基本面所形成的错误。

第三章

波动不是风险　管理波动才是风险

1. 波动不是风险，管理波动才是风险

2013 年 9 月 1 日，贵州茅台发布了当年的半年报，这份半年报报出贵州茅台上市以来第一次的负增长，虽然负增长的幅度只有百分之三，由于茅台上市以来，每一份年报都是高增长。这一个小小的 3% 的负增长，一下子就像在油锅里倒进了一瓢冷水，激起了资本市场投资人的巨大的恐慌和焦虑，主流的观点认为市场上本来就传出了贵州茅台因为反腐将走向长期衰退，贵州茅台需求长期不足的担忧，而这一份 3% 的负增长，让人们确认了市场担忧是真实的，于是紧张和焦虑开始蔓延，到处是准备卖出贵州茅台的人（实际情况是 9 月 3 日周一贵州茅台刚一开盘就跌停了）。9 月 1 日，我的出资人给我来了一封信。

老董你好！

我表达一个想法。即茅台半年报低于市场的普遍预期应该是一个共识，在这种情况下其股价继续下行的可能性较大。在这种情况下，是否从资金安全的角度考虑对茅台暂时回避，待合适时机再行介入？我们是否需要考虑控制过程性波动！毕竟波动太大不是什么好事！

按道理不应干涉执行合伙人的具体操作，但出于自身资金安全考虑故有此建议，请考虑。

投资人

2013 年 9 日

收到出资人的来信，我马上又写了一封长信。

过程不可知，只需要承受，不能管理

你好，发来的邮件我看到了，你认为形势很危急，应该策略性的离

开。你提这个具体意见，我还真不能从善如流，我还真不能欣然答应，如果我要这样做的话，我对不起大家的信任，我不能在这个问题上顺随大家，大家信任我，让我管理，我就得按照投资之道来管理，我不能顺着大家的心思和愿望管理我们的基金，那样是不对的，也是没有职业道德的。作为一个资产管理人，不能因为大家提出建议希望我怎么做，我就怎么做。

为什么我不愿意先退出暂时回避可能的下跌，然后待合适时机再行介入。我为什么不管理波动和过程？答案是过程不可知。

“过程”的含义是指一种不能持久的过渡状态，任何过程都不是终极结果，投资者要的是终极的盈利，在终极结果出现之前，不可避免总要经历一个过程。这个过程有时候是激烈动荡不堪，有时候是相对平稳，但是无论是动荡不堪还是相对平稳，它只是一个中间过渡状态，不是持久的状态。**过程会自然发生，经历或长或短时间后会自然消失，过程按照自己的节奏自然的来自然的走！投资人只需要承受过程，给过程足够的耐心和时间让它自生自灭、自然演化，对于过程不管理是最有效的管理。**

企业的内在竞争优势和低估值所构成的客观内在价值决定股价的最终归宿，企业竞争优势和低估，给股价注入了必定实现估值修复的内在必然性。没有任何因素能改变这一必然性！但另一方面，**逻辑上的上涨变成现实的上涨，需要一些具体外部条件逐步聚集，这些条件何时聚集齐，什么时候在什么条件下这些外部因素具备齐，是由一系列偶然因素决定，偶然因素决定的过程不可预测，也不可把握！**对于这个不可预测、不可把握，完全由偶然因素所决定的过程，你有必要去管理它吗？你能管理一个完全由偶然因素导致的随机过程吗？如果你处理的对象本身是无规律的，你是没有办法对无规律的，仿佛是旋风一样的东西进行管理的。要管也是瞎管，除了浪费自己精力毫无任何积极意义。

投资过程好像是河流奔向大海的过程，流入大海是河流的终极目的，有的河流可能更曲折一些，有些河流相对要平顺一些，曲折和平顺都不重要，重要的是无论曲折、还是平顺都将流入大海。流入大海是目的，所走出的路径遭遇的曲折不影响最终结果。**如果你认为某条河流的路径太曲折**

违反了某个理论和学说，你人为地把河流截弯取直，非要消除曲折把河流整理得平顺，你投入的那些财力、物力、人力除了白白浪费，没有任何作用和意义，你管不管，河流必然会经历曲折最终流向大海。流行投资理论认为河流最重要的不是流向大海，而是河流的平顺程度最重要，投资管理的工作重点是要人为的改变河流的曲折度，消除河流的波折，把河流变成平直的直线。如果你按照这样的理论硬要管理河流，将造成洪灾，造成对自然和人类的伤害。

对于必然发生自然出现又自然消失的过程性波动，不用去研究，因为没有办法准确的研究、预测过程，不要去管，让他自己来自己去是最恰当的对待过程的一个态度。任何过程管理都是在非投资本质上浪费精力，制造风险，在投资的无关紧要的外围打转转，深入不到真正的本质。

在终极投资结果出现之前，必然遭遇偶然性因素导致的复杂不可预期过程。这个**过程无论它多么艰难曲折，无论它多么超预期，都会自然消失，**因此不需要管理的。如果你把偶然性因素所导致的过程管理当成是首要的，实际上你是和偶然性在搏斗，你是没有可能战胜偶然性的，偶然性发生的时候，你只有承受这个过程，你完全改变不了偶然性，你也处理不了，如果硬要处理，就是堂吉诃德大战风车了。

任何一个人在任何领域对任何偶然因素所决定的过程进行管理，必然失去金钱、时间、健康。国内的基金经理精力主要关注到每一天、每一个月的波动，这些对过程的所谓的管理，耗尽了这些基金经理的心血，把基金经理精力榨干，这就是中国基金经理会出现英年早逝和患大病的原因。你不管过程它自己就“其兴也勃焉，其亡也忽焉”！你硬要管理过程，过程一定是把你耗干，最后没了财产，赔了健康！

你来信提到为了资金安全先卖出茅台暂避一时。对此我的观点是表面上如果股价下跌我们的市值就减少了，好像我们出现了损失，但我始终认为**在安全边际里，由非理性下跌导致的市值减少不是真实的损失，**为了方便大家理解真正的投资原理我创造一个名词“非永久过程性损失”，所谓**“非永久过程性损失”是指股价本身处于低估，本身处于安全边际中，但因为市场太过非理性，股价在安全边际中又进一步下跌了，这时下跌导**

致的市值损失就是"非永久过程性损失"。"非永久过程性损失"不需要躲避，不需要管，也用不着管！只要你去管理、去回避"非永久过程性损失"就会把"非永久过程性损失"变成永久性损失！

当出现过程性下跌导致较大的"非永久过程性损失"，要把全部精力集中在买入，集中在扩张持股数量！虽然这样会造成更大的"非永久过程性损失"，但"非永久过程性损失"根本不是真正的损失，不需要在意！现在不管股价下跌导致的净值下跌，全力买入，完全无视"非永久过程性损失"是最正确的。**我坚信巴菲特说的："波动不是风险，管理波动才是风险！本金的永久性损失才是风险。"**

董宝珍

2013 年 9 月

以上内容是我在 2013 年 9 月，就我的出资人来函，建议在市场波动的过程中先退出暂避一时的回信。在回信中我认为，**波动不可避免，波动不是风险，不需要管，如果硬要管理波动，就会酿成风险。**

从 2013 年到 2018 年我对自己经历的罕见波动进一步思考，形成了新的更深入的认知，那就是**投资者一定是经历了极其超预期的罕见的波动，越是经历超预期罕见的波动，越是投资回报高，经历、承受复杂曲折的超预期波动，是赚到钱的规定动作。不存在买上以后就轻松加愉快直线上升，如果有这种情况，也属于不是靠理性投资能力支持的偶然盈利，偶然盈利是非常有害的。**在牛市中，无视高估值风险积极入市的大爷大妈一开始都赚得盆满钵满，而这种盈利都是偶然盈利，他们以为股市的钱如此好挣，于是加大投入，结果都赔得血本无归。**正常情况下的盈利都要经历一个超预期的，复杂的活动过程，这一过程是不可避免的，波动越曲折，最后的盈利越大。**

2. 投资价值的本质是大众认知与客观事实的偏差

为什么我会形成这样的认知，因为，投资在表面上是认知博弈，但在本质是少数掌握真相和真理的人，与处于错误和不正常情绪中的大众之间的人性博弈。这一观点是 2013 年 ~2018 年经历茅台惊天大博弈后我最重要的心得体会，切实的投资经历以及刻骨铭心的惨烈遭遇让我最终认识到**投资是博弈，而且表面是认知博弈，本质是人性博弈**。下面我和大家分享这一观念形成的过程。

要理解价值投资是人性博弈需要理解什么是投资价值？什么是安全边际？**价值投资所有的行为原则都是建立在正确理解投资价值和安全边际这两个核心基础概念的前提之下。**

以一个日用商品为例，正常价值 20 元，商品的生产者和消费者以 20 元交易后，生产者获得了合理利润，消费者获得了商品的使用价值。于是以 20 元进行合理等价交易后，消费者和生产者都由此实现了他们的价值。现在来了一个投资人，他以 20 元买入这个商品进行投资，投资者不能获利！20 元买日用商品对投资者没有价值，除非该商品过了一段时间涨价，但一般情况下日用商品价格非常稳定。对投资人来说以合理价格买入日用商品无法获利。

投资者的价值实现方式跟生产者和消费者的价值实现方式是截然不同的。站在投资者的角度，只有以低于 20 元的价格买入该日用商品才能获得利益和价值。比如，价值 20 元的日用商品，因为某种原因跌到 8 元，某投资者以 8 元买入，此时他才能获利，他获得了 12 元的利润和价值。投资价值和商品的合理价值不是同一概念。对于内在价值稳定的商品和股票，投资人用与内在价值相同的合理价格买入，所能得到的投资价值为零。**只有在价格明显低于合理内在价值时，投资人才能获利，投资者获利靠的是价差，这个价差就是巴菲特的老师格雷厄姆提出的安全边际概念。**格雷厄姆把安全边际定义为：市场价格低于企业内在价值的情况。内在价值减去市场价格有两种情况，一种情况是所得为负值，说明价格高于价值，此时不仅没有投资机会而且有投资风险，另一种情况是所得为正值，此时就有安全边际和投资机会！**巴菲特对安全边际给出了形象的描述：安全边际就是用四毛钱去买一元的东西。安全边际是一个价差，有安全边际才有投资价值，投资价值不来自于被投资对象本身的客观内在价值，而是**

来自于价格与内在价值的偏差。这个偏差被格雷厄姆定义为安全边际，安全边际对于投资者来说才是价值，安全边际就是投资价值！因此**格雷厄姆说：“成功投资的秘密就是安全边际！”企业客观内在价值并不是投资价值，客观的内在价值并不等于是投资价值。**

一个公司的股价是由投资人的买卖交易行为直接决定的，而投资人为什么按照某个价格买卖交易，是因为投资人认为在当下这个企业就值那么多钱。**资本市场上当时正在交易的股票价格，是由市场上绝大部分人的认知所决定的。当前价格完全决定于主流人群对企业价值的认知，而长期的最终价格决定于企业最终内在价值。这就是格雷厄姆所说的，对价值投资最重要一句话："市场短期是一台投票机，但市场长期是一台称重机"的含义！这是资本市场上价格中重要的逻辑和道理，也是我们分析问题的基础。**

以茅台为例，在2012年底到2015年期间，茅台公司的基本面经营没有多么大的波动，只不过是因为一些短期事件的影响，企业的经营利润增速有所下降。然而在这个过程中，资本市场上绝大部分投资人对茅台的未来产生了不正确的误判，绝大部分投资人情绪上出现了恐惧和悲观，认为茅台公司没有前途了。由于当下的价格是当下市场绝大部分人的情绪和认知，市场大众的错误认知和悲观情绪直接地决定了当时的价格。另一方面，茅台公司股价的最终走向决定于企业的基本面经营状况，市场认知和市场情绪也最终被企业的基本经营状况所决定。后来的事实是茅台的净利润增速经历短期小幅回落后，很快就进入新的高增长，于是基本面新的强劲成长改变了人们的错误认知，在错误认知被改变后，股价开始上涨，估值变得合理。我们可以看到茅台这个历史性投资机会的出现，首先是，**社会大众不能正确理解茅台的基本面，错误的理解茅台的基本面，且在情绪上变的极端恐慌，于是价格大幅下跌。但是最终人们的认知和情绪，总要受到基本面的决定，基本面的经营状况所展现出来的强劲增长，使人们重新认识到茅台竞争优势依旧如从前，使人们的担忧被消除，人们的错误认知被改变，于是错误的观念被清理，人们从恐慌中回到了正常状态，新的认知推动价格上涨，价格和基本面保持了一致，估值修复完成。**

由此可以得出结论，**投资机会是市场大多数人不能正确理解基本面时出现的过于悲观看待基本面的错误。反过来投资风险是市场大多数人不能正确理解基本面时出现的过于乐观看待基本面的错误。**我们看看乐视网的例子。

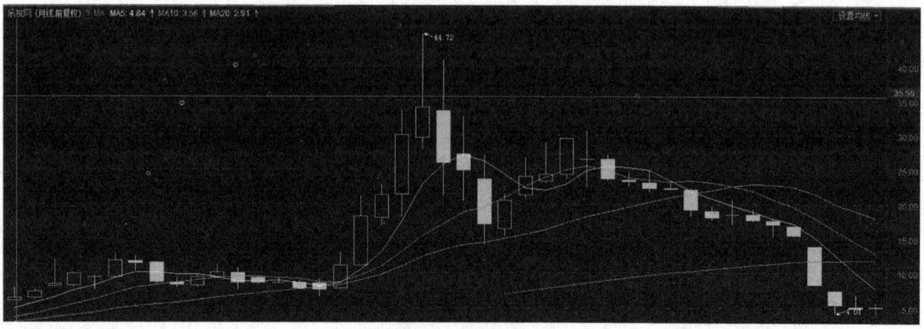

上图是中国股市最著名的一家问题公司乐视网的股价走势。在2015年时，乐视网的最高股价以44元在交易，可是到了2018年初这个公司的股价只有4～5元。2015年为什么乐视网的股价高达40元，因为当时大部分人认为乐视网将会和中国最著名的高科技成长股腾讯控股一样，成为一家突破万亿市值的公司，所以绝大部分参与者疯狂的买入。疯狂买入行为直接推动了股价高达40多元，而买入行为背后的原因是绝大部分人认为这个公司将会越来越美好，大部分人乐观认知才是当时价格高达40元的直接决定因素。事后看2015年大众对乐观的认知完全是错误的！而且错的离谱！乐视网的案例一方面说明当下股价是市场主要参与者的认知决定的，另一方面证明人们的认知会出现严重的错误！当下的价格与企业客观内在价值偏离非常大！

在大部分人都正确理解企业内在价值的时候，此时市场上绝大多数投资者的主观认知和企业的客观内在价值一致，此时主观正确反映了客观！市场上的交易价格是合理的，对于成长性差的企业人们以合理价格买入既不挣钱也不赔钱。**挣钱和赔钱均发生在市场出现错误时，大部分人错误的低估企业价值时就是赚钱的时候，错误的高估企业价值时大家都赔钱。**由此，**对于投资者，市场参与者犯不犯错误是一个重大的问题，参与者都正确其实并没有什么机会，也没有什么风险。**

能给投资者带来财富的投资价值（安全边际），是企业的客观内在价值与市场上绝大部分投资人主观预测价值（价格）的偏差。这种偏差本质上是大部分投资人的主观认知不能正确反映客观价值之后形成的主客观偏差。把投资价值理解为客观内在价值，理解为是企业的长期现金流折现是不对的。真正的投资价值来自于绝大部分投资人的主观认知发生错误，大多数人错误地低估了企业的客观内在价值，此时投资价值就产生了。**投资价值来自于主观不能正确理解客观。**

投资表面是认知博弈，本质是人性博弈。挣钱必须是你准确预测了企业未来，与此同时大众错误的预测了企业未来，形成一种你和大众认知截然相反对立的状况，且你是正确的大众是错误的才能挣钱。如果你是正确的，大众也是正确的你是不能凭正确认知挣钱的，此时你不会赔钱。最典型代表就是 2013 年在茅台大博弈上的一个经历，我作为否极泰基金管理人认为茅台会长期成长下去。但是主流的专家学者，基金经理认为茅台要崩溃了，于是我作为一个极其少数的资产管理人和主流的社会大众形成了认知对立，我们两方的认知截然相反，形成关于茅台未来的认知博弈。博弈过程时间是唯一的裁判，最终时间给出的答案：我的观点是正确的。于是否极泰基金先赔后赚，大赚 10 倍。这是能够**在资本市场获利的基本模式，首先你是正确的，其次大众是错误的。你跟错误的观点形成博弈，最后事实又证明你是正确的，于是你就赚钱了。**

客观内在价值和主观认知两个变量中，任何一个变量发生改变都会引起投资价值的变化。相比较企业客观内在价值并不容易在短时间内发生重大变化，真正频繁变动的是投资人对企业内在价值的主观认知，主观认知可以随时发生突然的重大变化。客观内在价值和主观认知变化有如下几种组合。

第一，投资人主观认为企业价值没有发生变化，但企业的客观价值增长了，由于客观价值增长了因此主观认知必然在之后发生变化，这就是成长投资的根本原理。

第二，投资人主观认为的企业价值没有变，但是企业的客观内在价值降低了，这时候投资人就会遭遇损失。这种情况对于中国投资人并不陌生，投资人满怀希望的持有着他所钟爱的股票，突然公司发布信息宣布企业陷入了经营困难。

第三，企业的客观内在价值没有变，因为某种原因投资人的主观认知陷入了悲观，人们认为企业的内在价值发生了减少，于是大众认知变得悲观导致股价下跌，此时认知在客观基本面没有变化的情况下，不必要的变悲观就是价值创造的过程。

第四，在估值合理的情况下，客观内在价值没有变化，但是投资人变得无限乐观，从而导致股价大幅上升，这就是风险创造的过程，此时是风险日益增加的过程，理性的投资人应该离场。

在这四种基本关系之外，还可以进一步细化，当客观的内在价值发生积极的、好的变化时，主观认知也同样发生了好的变化，但是主观价值的变化大幅超越客观内在价值增长，这也是一种风险创造的过程。有些公司发布了良好的业绩增长，由于投资人的认知发生了比客观内在价值更大的乐观变化，股价于是大幅上涨，缺乏冷静的投资人，高位买入，反而遇到风险，这里的风险来自于主观价值的乐观超越了客观价值的增长。牛顿当年就是犯的这种错误，1720 年的春天，牛顿以 100 英镑低价买进南海公司股票，当股票开始上涨并涨到 700 英镑时牛顿清仓而出，总共获得了 7000 英镑的利润。但不久南海公司发布经营利好，利好激发起大众的乐观情绪，股价再次大幅上涨，牛顿禁不住也对南海公司的未来浮想联翩，认为自己卖早了，于是以 1000 英镑价格再次买入了南海公司股票。7 个月后南海公司股价跌到了 190 英镑，牛顿不得不中途割肉，整个投资行为导致他损失了 2 万英镑，相当于自己 10 年工资！牛顿伤感地说：“我能计算出天体运行的轨迹，却难以预料到人们的疯狂。”牛顿的失败原因就是自己的乐观情绪超越了企业的客观基本面！

另一种情况就是，企业的客观内在价值下降了，由此引发的主观认知悲观比客观内在价值更快速的暴发，导致股价大幅下跌。此时反而因为企业的估值降低，出现了机会。

通过以上分析可以发现投资价值是一个动态变化的状态，并不是一个实体，投资价值是一个状态，它随着价格的波动，随着企业经营的变化动

态增减。某一时刻，某一个公司的股票有投资价值，因为那个时候的价格低于内在价值，另一个时候该公司没有投资价值，因为它的股价大幅上涨超越了合理内在价值。从这个意义上讲，投资价值可以出现在任何公司身上。只要是公司股票价格低于公司内在价值，就有投资价值，好的公司、一般的公司、差的公司，只要有内在价值，有价格就可以确定有没有投资价值。中国资本市场上出现的一种比较流行的观点，认为只有优秀的公司才有投资价值，这种观点违背投资价值的定义，否定投资价值是内在价值与股价的偏差。好公司、一般的公司、差的公司都会在股价的动态变化中，在基本面经营形式的不断变化中，在某种特殊的时间点上，变化出投资价值。因为投资价值是一个状态不是一个实体。投资价值不是公司不变的客观属性，是来源于股价和企业基本面动态变化过程的特定状态。

总结以上情况，得出的一般规律是：**对投资人利益直接产生影响的是客观内在价值与主观认知偏差的增减。机会是主观对客观内在价值低估的出现和低估程度的加大。风险是主观认知对客观内在价值高估的出现，以及这种高估的扩大。主观认知的变化的频繁程度和变化幅度都远远超过了客观内在价值，从而主观认知变化导致的投资价值增减更加频繁，更加活跃，更加主要。投资人认知大幅变化的过程就是投资价值变化的过程。**

我所经历的贵州茅台“惊天地泣鬼神”的大波动，以及在大波动过程中出现的千载难逢的投资机会完全是以上观点的反映和直观表现。表 3–1 记录了始于 2012 年的茅台先跌后涨的变化过程中，估值水平变化以及业绩的变化。

表 3–1　贵州茅台股价、市盈率、每股收益变化

时间	股价变化	市盈率变化	业绩变化
2012 年 7 月 –2014 年 1 月	从 190 元跌到 76 元，跌幅 60%	市盈率从 22 倍跌到 8 倍	每股收益从 12.8 元变为 13.44 元。
2014 年 1 月 –2018 年 1 月	从 76 元涨到 799 元，涨 10 倍多	市盈率从 8 倍上升到 35 倍	每股收益从 13.44 元变为 21.56 元。

以市盈率为表现形式的估值水平其实就是市场中绝大多数投资者的

认知。每股收益代表了企业客观内在价值，每股收益变化就是企业客观内在价值变化。我在这个表中把贵州茅台的过去，从 2012 年 ~2018 年，这 6 年中，股价变化、市盈率变化、业绩变化放在一张表格中，目的就是为了通过真实案例来揭示真正的投资价值，往往是由主观认知的变化所引起的。

2012 年 7 月贵州茅台的股价创出了阶段性新高达到 190 元，市盈率 22 倍，既没有高估也没有低估，所以在这个价位上买贵州茅台，并不能获得超额收益。不久神奇的事件发生，因为中国政府大力推行反腐，禁止官员饮用高端酒。政策发布后，资本市场上大多数参与者想当然地形成了一种认知：官员不再饮用茅台酒，茅台酒就失去了消费者，民间老百姓不会傻乎乎的喝那么贵的酒。这种认知逐步扩散，最后市场绝大部分参与者接受了该观点。大多数人认为因为反腐，茅台的长期前途变得暗淡，未来会老太太过年一年不如一年！也就是说大多数人的认知层面认为，茅台的未来价值会逐年减少。由于绝大部分人的认知决定当时价格，于是贵州茅台股价持续下跌。到 2014 年 1 月最低跌到了 76 元，跌幅 60%，市盈率只有 8 倍。与此同时贵州茅台的每股收益在稳定的基础上小幅增长。记得当时正是春节，我与亲戚、朋友、同学聚会的时候，利用聚会向亲朋好友不厌其烦介绍贵州茅台出现了千载难逢的历史性机会，建议大家把手中可以筹措的钱都投入贵州茅台。我口若悬河滔滔不绝的推荐迎来的是几乎一致怀疑，大家反馈回来的观点是：反腐以后没有人喝茅台了，茅台完蛋了，茅台没有前途了。有几个相对理性的同学在我不厌其烦的推荐下，渐渐明白了贵州茅台出现的机会，表示要回家筹措资金，不久他们反馈来的消息是：掌管着他们家庭财政大权的妻子，果断坚决地否定了他们的想法，并且告诉他们，要提防那个忽悠你买茅台的家伙。在人人都知道官员不喝茅台，茅台失去市场的时候，还让人买茅台这种人是别有用心的小人。

这一波的下跌客观内在价值还增长，完全是大多数人的主观认知认为贵州茅台公司不行了，大多数人主观认知的变化成了股价下跌的唯一原因。主观认知与客观基本面发生了巨大偏差，就是投资价值。茅台从 2012 年 7 月开始下跌到 2014 年 1 月跌幅 60% 的过程中，客观内在价值没有变化，主观认为它会越来越差，于是发生了重大的偏差，而这个偏差的出现就是创造投资价值的过程，就是创造投资机会的过程，这个时候需要的是买入，我在这个时候大声疾呼，这是千载难逢的机会，当时我不仅重仓买入，还加了杠杆。

在跌到 8 倍市盈率后，贵州茅台否极泰来，2014 年 1 月到 2018 年 1 月整整涨了 4 年，茅台的股价从 76 元涨到了 799 元，涨幅高达 10 倍，创造了 10 倍的真实收益，市盈率 8 倍涨到 35 倍，一个人从 76 买入，持有 4 年就获得 10 倍的收益，这个收益可以说是世界级的。整个过程大部分人的认知先悲观后乐观，变化之复杂剧烈无以复加，而在大多数人复杂剧烈的认知变化过程中，罕见的投资价值被创造出来（见图 3-1）。

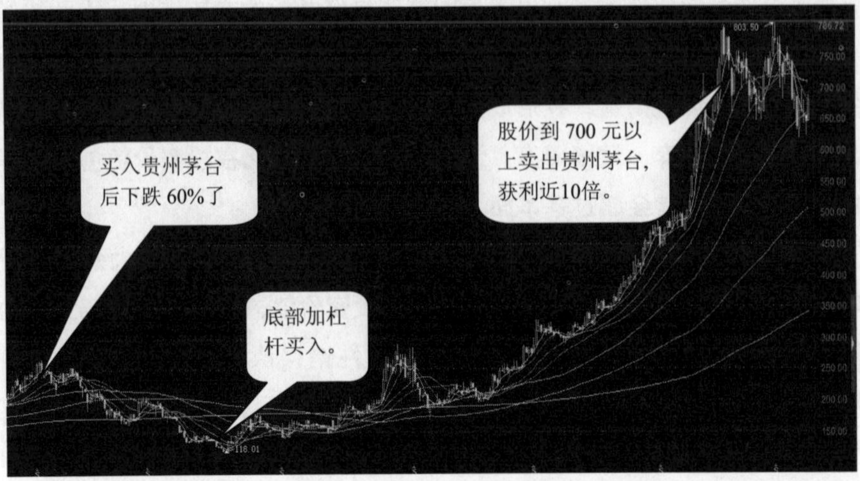

图 3-1　2014 年 -2018 年茅台股价走势图

在这个过程中，我们看一下到底是什么创造、驱动了 10 倍的财富增长，市盈率从 8 倍升到了 35 倍是主要原因，市盈率的增长提供了 80% 的财富，企业业绩增长是次要原因。市盈率的变化其实就是市场主流参与者认知的变化，是市场上大部分投资人对贵州茅台未来前途以及内在价值的认知，贵州茅台整个变化过程是主流投资人对贵州茅台内在价值，从极端的悲观逐步地转向了不悲观以及适度乐观这个过程。与此同时我们看到业绩实现了近一倍的增长，一倍的业绩增长，无论如何无法解释 10 倍的股价增长，茅台 10 倍的股价上涨过程中，主要是由于市盈率的上涨，是由于主流投资者认知由悲观向乐观的转变，是认知的变化创造了投资机会和财富，主流认知变化在这一轮 10 倍的上涨过程中，所提供的价值占到了整个价值增长的 80%。实实在在的客观企业内在价值只提供了 20% 的上涨动力。这一发生在中国股市最真实的最典型的事件，其背后包含的本质原理，首先是真正的投资价值是一种客观内在价值与主观认知的偏差。其次主观认知的变化既平凡又活跃，而且幅度特别巨大。从而主观认知的变化在创造价值过程中常常变得更为主要。

我上面的观点和逻辑恰恰是在全程参与了贵州茅台这一场罕见的大波动、大博弈过程中形成和产生的，我亲历了这个过程，对过程中的每一个主要事件都无比熟悉。我思考追问这些事件背后的本质原因，不断的经历，不断的思考，最终抽象出这些概念和逻辑。**我不再认为单一的客观内在价值能直接创造财富，我形成并接受这样一个观点：在二级市场投资是人与人的认知博弈、情绪博弈。情绪变化、认知变化在投资价值创造过程中的重要作用常常会超过基本面。**

解释清楚**投资是少数有正确认知的理性投资人与错误的大众认知博弈**后，就能明白一个**理性的投资人要发现投资价值，是依赖于市场大众的非理性和不稳定情绪的**，当大众出现非理性错误认知和恐慌情绪时，由大众直接决定股价不能正确反映基本面，于是投资价值（安全边际）出现。但另一方面**大众情绪和大众错误程度都是无法预测的，而大众情绪和认知又直接决定当前股价，所以股价必定在中短期是难以预测的，从而在大众情绪发作和大众错误出现时，就一定会给理性投资人制造一个超预期的、巨大的、复杂的波动过程。**理性投资人能提供调查研究分析思考发现价格和价值不一样，从而发现获得机会，但是最终价格和价值的偏差被拉到多大，以及投资价值被创造出来，经历多少曲折的过程实现估值修复，完全决定于市场大众的情绪，以及他们的非理性认知。社会学理论已经证明，社会大众的非理性情绪起来之后，谁也预测不了，谁也控制不了，作为一个理性投资人发现市场大众情绪起来错误出现，你只有理性的冷静的旁观，甚至适当还要远离，如果想要研究、分析、控制大众非理性认知和情绪，就一定会被这种非理性的情绪所吞没。这是我强调的过程不需要管的理论原因。只要你管理过程就是制造风险，这也是我提出的要想挣钱，不可避免地要经历一个复杂的超预期的巨大波动过程的原因，也是超预期的复杂波动越严重，回报越大的深层原因。当前股价是大多数人的认知和大多数人的情绪！**要想挣钱必须和大多数人的想法截然相反，而大多数人的想法和情绪又直接决定当前价格，所以如果你拥有一个可以挣钱的正确思想和判断，你必定在一段时间被股价证明是“错误的”，因为你是正确的导致你在一段时间内必然陷入被股价证明是不正确的阶段性困境，你必定在一段时间处于你的认知不能兑现。**因为它与大众认知相反，所以在相当一段阶段，它和价格变化方向是相反的。我这个结论来源于什么是投资价值（安全边际）的基础概念，是投资价值（安全边际）内在包含的必然结论。

3. 跨越曲折过程的难度来自人的动物本能和人性

在投资实践中有两个课题，第一是发现低估。第二是等待低估经历一个过程实现估值修复。发现低估是思考分析调查寻找的过程，这一过程依赖于知识智力。通过调查研究分析思考发现哪个公司低估，哪个公司有价值，哪个公司能成长，这项工作有赖于专业知识，调查研究，分析思考，发现低估公司是纯智力的劳动。低估和成长变成财富必须经历一个过程的。**过程是估值修复得以实现的前提和不可缺少的环节，过程具有不可预测、复杂、曲折、动荡的特点，对过程的跨越不主要依赖知识和智力，依赖的是毅力、勇气、决心、意志。**后者比前者难度更大。

从低估到估值修复完成需要经过一个复杂、曲折的过程，这个过程把低估规定的逻辑必然性转化为现实性，从这个意义上讲**估值修复得以实现是要靠过程推动的，没有一个过程就不可能让估值修复显现，不可能让价值和财富现实化。估值修复得以现实化，得以变成真实的财富是依赖于过程的。从这个意义上讲获得投资财富必须跨越过程，跨越过程是投资最重要的一道坎！**

贸易创造财富的本质是空间套利。同一商品在不同的空间存在价差，同一商品在不同地区的价格差为贸易获取财富提供了逻辑基础。而贸易商就是把货从一个空间拉到另一个空间来实现空间套利。**资本市场的投资跨越理解为时间过程套利！**一个公司的价值市值 10 元，在某一个时间点上，它被错误地理解为只值 1 元。你就在 1 元钱买入，等待在另一个时间人们的情绪恢复稳定，给予其正确的 10 元的估值，你再卖出。在两个时间点之间的一买一卖实现了 9 元的利润，这 9 元的利润在逻辑和理论上讲是源于低估或者说是错误定价，但在可感知的现实层面来讲，源自于两个时点之间的过程。投资获利需要跨越一个复杂的过程，克服过程中的艰难险阻。投资回报既是对正确选择的奖励，也是对克服过程中的艰难险阻的奖励，后者更关键、更重要、更难做到，大部分人是倒在过程上，跨越不了过程！

资本市场上的财富在逻辑上是低估和成长给定的。但财富变为现实是由过程实现的，现实财富是由过程创造出来的，因此跨越过程就异常重要。

过程具有不可预知性，资本市场的股价波动过程是不能预知的，其实人类所处理的一切事情的过程都是不可预知的。人类有能力通过分析研究知道一个企业一个事物的未来状态的。但是这个未来状态发生之前所经历何种过程，人类并不具备精确预知的能力。**过程好比一个项链，这个项链上的珍珠都是偶然性，穿这个项链的线是必然性，所以过程是以必然性的轴线，上面嵌套了无数多的偶然性因素，过程是一系列偶然性穿在一个必然性的轴线上，过程是必然性和偶然性的混合，在一定意义上偶然性主导过程！因此过程是不可预知的，或者不可精确预知，在这种情况下管理过程是徒劳的，是做不到的。**过程是偶然驱动的不可预知的一个链条，越管越乱。不管是最高境界的管理，不管过程是客观规律决定的最正确做法，也是对待过程的最恰当最有效的态度。但是不幸的是这种做法不因为它的正确性而被投资界广泛接受，更不因为它的正确性被投资人广泛的接受。由于作为普通人的投资人渴望过程的平滑，所以那些想获得投资人喜欢的投资机构，明知做不到硬要瞎做，最后必定不成功。

我们假设过程是可知的人能把握过程，最终推出什么结论呢？前面我们已经讲到人可以通过专注深入调查研究，知道哪些企业的未来越来越好，也知道哪些企业低估，在这种情况下，人类同时又知道过程是怎么演化开来的，成长是怎么实现的，低估是怎么样具体一步一步实现估值修复的。这样将导致每一个人都知道结果，也知道过程，一切都在每一个人的完全掌控之中，每一个人都是无所不知的先知，那投资还有什么风险呢？投资还有什么难度呢？假如结果和过程都是可知的，那么世界就变成一个钟表，变成没有任何活力和新生事物的简单机器，人类历史上出现过一种机械唯物论哲学，他们认为这个世界就像一个机器，已知一个时点的状态就能推算出另一个时点将要发生什么。后来大量的事实证明机械唯物论哲学是错误的。人只能知道哪些公司会越来越好，哪些公司处于低谷最终将实现估值修复，但成长和估值修复的过程是不可预知的，这过程的跨越实际上是对未知的跨越，因为过程不可知所以没有办法主动管理，你只能被动承受这个过程，这就是我在序言中所写到的，实践让我知道哪些是可知道，哪些是不可能。在未知的过程中，坚持自己的预判，坚定的不自我怀疑，自我承受，甚至是忍受这个艰难的过程，比如我在自己管理基金下跌70%时，我靠承受和忍受跨越了这个罕见的艰难过程！**对过程不管理是唯一正确的应对方法！**

过程具有反向性、反逻辑性和反内在价值的特点。本来应该上涨但是却是下跌，甚至是中间几次下跌。理性研究的结论认为公司低估将要发生大规模估值修复，但过程有反向变动的特点，会频繁的出现与估值修复相反的变化，可能是先跌后涨，甚至反复几次的下跌。此时过程给投资人带来巨大压力，此时可感知的现实过程要证明你预期的结果不会发生，过程用与预期中的结果相反的变化来证明你的预期是错的，从而给投资人提供巨大的心理压力，当不断出现的真实的眼前能看得到的过程与预期中的结果不一样的变化时，投资人的内心被激发起自我怀疑，自我否定的情绪。曲折使你自我怀疑，自我否定，不再敢相信自己原始的初心，此时绝大部分人在压力下放弃自己的判断，屈服于过程的曲折举手投降！我个人认为在资本市场上20%的投资人能够较准确预测企业的未来，这个比例并不低，但为什么投资中成功率根本没有 20%？绝大部分人在准确知道谁低估的情况下，在经历过程的压力时被过程击倒，最后能挣钱的只有百分之几的人。

过程的跨越是非常之难的。所有投资工作可以分为两部分：其一分析研究选择投资标的，其二跨越过程，让过程自然演化耐心等待过程的自然终结。对于投资成败的影响前者最多占 30%，跨越过程占 70%。跨越过程比分析研究要难一个数量级。**跨越过程所以如此之难原因来自于人的动物性，人有一种固有的本性：等了一段时间后，如果预期中的结果没有出现，人会极端焦虑，在焦虑的压力下人会放弃等待，这是我们的人性**。为什么人有这样的人性？原因是进化和自然选择。

几百万年前人类祖先结伴出去打猎，他们埋伏在陷阱旁等待猎物。从早晨开始等到下午 4 点，一直没有等到猎物。这时人们已经饥肠辘辘了。于是一个现实的问题出现了，继续等还是到别处再挖一个陷阱。有的人主张改弦更张，换地方再挖陷阱。有的人主张继续等下去，于是这几个人分道扬镳，一部分人到别处埋伏，另一部分继续等待。自然选择的结果是继续等下去的那些人被饿死了，换地方挖坑的人活下来，活下来的人留下了后代。这样自然选择就使人有一种基因层面的本能，一个目标经历一段时间没有实现，人就会在基因控制下本能地放弃这个目标，去干别的。如果你的目标经历一段时间没有实现还不放弃，在基因控制下人体内就会分泌出一种焦虑激素逼迫你放弃。这就是我们在等待估值修复出现时，如果估值修复不出现，我们会非常焦虑的原因！在焦虑激素逼迫下绝大部分人会在结果没有出现前的过程波动阶段，等不及放弃自己的目标。这就是我们总是习惯性要对过程进行频繁的有害无益的干预，总是爱干拔苗助长不愿意静静地等待的原因。这都是人性在作怪。

跨越过程的主要敌人是我们的动物性和人性，跨越过程所以很难是因为战胜人性很难。以茅台为例，估值修复用了 4 年，要获得茅台估值修复的巨大财富需要你 4 年都保持不动，而在这几年中，每一天你的基因都在分泌焦虑激素让你按照动物本能离开一直不上涨的贵州茅台，为此你需要跟自己固有的动物本能做斗争，控制住自己的动物本能。

人性是非常复杂的，人不仅有等待的目标不兑现会焦虑的自然本能，人还有另一种更难克服的自然本能，那就是当你自己的目标实现不了，别人的目标实现了，你比别人看上去处于落后状态，你看上去不如别人的状态，这个时候人内心更加焦虑。

我在投资茅台过程中，大部分人倒在了2015年前半年，2013年底茅台跌破8倍市盈率时，虽然有很多人忍受不了这种极端的下跌，在人性的作用下非理性的在历史性底部割肉卖出，但是，更多的人是在2015年前半年卖出贵州茅台。事实上，2015年前半年茅台的股价已经从100多元涨到150多元，大家的临时性损失已经减少了，可是在这个阶段大量的人纷纷卖出。我自己基金的出资人有很多在这个阶段放弃了对我的信任撤出资金。为什么会出现这种情况？答案是2015年前半年出现了创业板牛市，在不到一年的时间，创业板从1000多点一口气涨到了4000点，涨了整整4倍（见图3–2）。当时市场上出现了完全不懂股票的大爷大妈，在创业板上涨后纷纷高位买入创业板，甚至在打错了股票代码的情况下，误打误撞的股票很快翻倍。与此同时贵州茅台股价不涨不跌，认为茅台处于低估和安全边际中，持有茅台的投资人颗粒无收。在创业板一年不到时间连涨4倍，贵州茅台股价纹丝不动的情况下，巨大的反差让人无比焦虑，无法忍受，人们纷纷卖出茅台，追入已经涨了好几倍的创业板。

图3–2　2015年创业板股价走势图

为什么大家在其他股票上涨的情况下忍受不了自己股票不涨？原因也是由于特殊的动物性，这种特殊的动物性是所有的群体动物共有的，包括人在内的群体动物都不能容忍自己在群体中处于不如人的地位，一旦他们看到自己在群体中的地位不如人，就极端紧张和焦虑，这种紧张焦虑是来自于基因控制下释放的激素。这种动物性源于进化时期的食物分配机制。

几百万年前一群人结伴出去打猎了，打回一只兔子来，不够这群人吃，那么群体中如何分配这只兔子？谁先吃？谁后吃？谁不吃？分配原则是强者优先吃，谁的实力强大谁先吃！次强者第二吃，弱者没有机会吃！在自然选择机制下，弱者被淘汰！这样的食物分配机制对种群有好处，对弱者很残酷！食物分配机制导致群体动物成员有一种落后别人成为弱者的焦虑，一旦不如别人就极其焦虑，想尽办法成为强者，否则就没有活路，这是进取心和嫉妒心的起源！进取心和嫉妒心都是由早期人类资源分配机制导致的。

投资过程中你的股票不如指数不如其他股票，就会很焦虑，焦虑使你放弃原来的计划，这是人的动物本能的发作导致的。群体动物都不能无视自己处于落后和弱者状态，一旦自己处于落后和弱者状态基因控制下会分泌焦虑激素，在激素逼迫下人会非理性卖出股票。另外还有社会否定，你的股票不如人，社会否定你，批评你，人们都看不上你，这时候你也很焦虑，这是因为动物有一种渴望被夸赞、厌恶被贬低的本性。

因为过程不可预知，过程总是受到偶然性的更强有力的影响，所以对于这个不可预知的过程，最正确的做法就是忍受、承受，让它自然的消退。不加管理、不加干预，但是，这与人性的本能是冲突的。人们看到眼前在下跌，没有出现预期的上涨，在激素的逼迫下就会离开，同时还受到了不如别人的干扰，一旦别人的股价在上涨，自己的股票在下跌或者不涨，体内也会分泌激素，逼迫卖出手中的股票。所以在过程波动时无动于衷，理性冷静旁观的人少之又少。**面对过程起伏不管过程是一种极其重要、极其关键的投资能力，不动是理性的表现，乱动乱管是非理性表现！没有这个能力，根本不能成功。**过程上蹿下跳自己表演完了就自然消失了，过程就是市场先生，市场先生不能不表演，当市场先生表演完了，发现没人理他了，自己就会走下舞台。

4. 忍受落后是一种重要的能力

人的动物性是不能容忍落后的，一旦落后就有一种巨大压力，这种压力导致焦虑，于是放弃使他落后的那个投资标的，追逐他认为可以使他领先的那个标的，恰恰正是这样一个调整，导致彻底走向失败，在投资过程中，你不可能天天领先。如果天天都不甘落后，要时时刻刻领先，那你的情绪一定是非理性的，因为你会越来越着急，一着急就方寸大乱。客观上任何一个领域的任何一个人都做不到天天领先，时时刻刻领先。所以你追求一个根本不能做到的，那么必然失败。

在下跌时你会被贬低、被嘲笑、甚至被谩骂，这时你就受不了，就会做错事。此时你需要一种能力，就是你甘于落后，甘于不如人，甘于被骂、被贬低、被嘲笑。在一段时间之内不如别人落后于别人，跌幅比较大涨幅比较小，这个太正常了，这是自然状态。在市场上天天领先是不可能的，市场中不存在天天领先的股票，所以你要具备一种能力，要心安理得坦然接受自己的落后和不如人！这样你才能更加从容地面对涨跌。在安全边际具备的情况下，下跌以后一方面制造了更大的安全边界，另一方面它会让你看上去很像小丑。人人指着你脑袋贬低你，都在嘲笑怀疑你的智商，你就任由他们去，他们不懂投资。落后的时候，心里着急是一种动物本能，在金融市场因为落后产生焦虑的心态是一个严重的风险来源。

我在下跌时特别宁静，非常踏实，非常坦然，完全没有任何紧张、焦虑。一方面这与我的性格有关，我有一种自然的观念，下跌是很正常的现象，有涨就有跌，下跌不是更好了吗？股价原来高高在上，它对应的公司也没什么变化，现在下跌了，不就更安全了，更有价值了。假使这个投资标的确有风险，下跌风险不就没了吗？假如这个公司没风险，下跌不就创造了巨大的机会吗？另一方面我在思考投资时认识到下跌创造安全，立足于安全边际，立足于内在估值下跌就是增加价值。**任何一个人，如果思维原则是讲求安全边界，讲求估值水平的，你就一定会理解，越下跌越安全，越安全越买。**茅台博弈的过程中，我是越跌越买，因为我不能容忍我在下跌时候不买，就像有些人不能容忍在下跌中不卖一样。有些人一下跌就卖出了，否则他睡不着觉。我的情况恰恰相反，就是越下跌我越想买，如果我不买，我难受的就像下午 4 点钟的狼，在办公室里来回地转。

我越跌越买就加速了基金净值下跌，社会上有人开始给我起外号，骂我，贬低否定我。包括我的一些出资人也被大众的舆论所裹挟。但是我当时第一想法就是赶快占有这个机会，根本就没有时间计较别人怎么说。别人是别人，他们不懂投资，你下跌的时候忽悠什么风险，风险是在上涨的时候。跌下来了之后风险消化了就没有风险了。我没有在高位买股票的胆量，在上涨时我是一个胆小的人，不敢买涨，而在下跌时我是一个胆大妄为的人，跌了我就买，如果再跌我再买。买入过程中我的净值很难看，可是那种很难看的净值是假的，本质上我是在下跌过程中获得了更大的内在价值和安全边际，在大众和社会把假的当成真的的时候！我更踏实了，真正的理性投资人是把真的当真的。茅台从两百多跌到一百多的过程中，我的净值腰斩。在 2013 年否极泰年报中我写过一句话，“说股价虽然跌了 40%，但实际上股价的下跌表面上造成我们净值减少了，实际上它导致了内在价值增加，这是真理，价格下跌导致你当期资产减少，可是你实际上握有的安全边际增加了，从这个意义上应该高兴。”可是不幸的是我这个观点发出去以后，马上舆论又评论了，说董宝珍是老太太靠墙喝稀粥，卑鄙无耻下流。不承认自己的错误和无能，还变着法地哄人，谎话连篇。我对这些观点视而不见，他们不懂投资，他们真的要是懂投资就不会说这句话的，可是不幸的是懂投资的毕竟太少，包括某些主流的研究评论机构。我的基金亏损幅度在 2013 年都上了新华网的报道！我在 2013 年为中国挣得了全球跌幅最大的基金第一名！当时我熊冠全球。任何一个人的投资收益都比我强，哪怕是一个傻子胡乱买一只股票都比我强！我落后于全世界任何还没有破产的投资人！但我不理睬这些浮云，我只理解我投资的公司，我认为我和我投资的公司前途一片光明，可以说是光芒万丈，至于其他股票再上涨跟我没有关系。我是修鞋的，开饭馆的人挣的钱，跟我这个修鞋的一点儿关系没有。我一个修鞋的，不能因为别人开饭馆挣钱，我把修鞋店改成饭馆，我不懂如何开饭馆，必然赔钱。我甘于落后！**心安理得的持有自己所投资公司。一段时间落后甚至非常落后，在我看来都是假象**

和浮云。能在落后情况下保持心平气和这是理性的表现。

如果你要求自己必须时时刻刻领先，你就会必然陷入非理性，从而遭受的损失和失败，这些失败可能你终其一生都无法补偿回来。因此在非理性的市场中安于落后，心安理得的接受某一时间段的落后是一个重要的投资能力，是成熟理性投资人的体现。

5. 止损和防回撤是违反价值投资基本原理的

在时间长达 5 年，波幅巨大的茅台大博弈过程之中，我始终坚持自己的判断，无论遭遇什么情况都没有改变自己的认知，我对曲折过程造成的我管理的基金最大超 50% 以上的跌幅没有回避，没有管理，没有防回撤，更没有止损。一直坚定不移地相信自己的判断，最后先浮亏 60% 多，之后又在浮亏基础上上涨 20 倍，从而实现了 7 年总的回报率超 10 倍。这个过程让我认识到止损和防回撤等所谓的过程管理是违反价值投资基本原理的。搞止损和防回撤等所谓的过程管理是错误的，一定会搬起石头砸自己的脚。

在被股价必然的否定过程，你管理的基金就是赔钱的，就是不如别人的，在这个时候你要是止损、防回撤，你就否定了你的正确，你就投降了，你就做傻事了，你也成了大众了。在有投资价值情况下，在本身已经处于安全边际中，股价在进一步下跌不止损、不防回撤，是好的投资人和好的资产管理人的绝对前提，一旦你要止损、防回撤就跟好的投资人资产管理人完全背离了。在安全边际已经具备的情况下，股价进一步波动下跌带来的阶段性损失并不是实质损失，所以根本不需要管理，与此同时这种下跌它创造了更大的安全边际和更大的投资价值，所以从理性投资的角度看，应该大规模买入，此时，越跌越买才是理性和正确的。要在下跌创造的更大安全边际出现时，拼命地买入、越跌越买。

但在现实中当你在此时买入，人们就会说你是疯子、傻子、说你是一个不负责任的自大狂，骂你是小丑、是骗子。2013 年我在茅台大幅下跌时大规模借钱买入，到处是反对贬低的声音，他们说："董宝珍不懂止损，不会控制回撤，不懂得风险管理，董宝珍应该在下跌来临的时候，卖掉所有的股票第一时间撒丫子就跑，这样就躲开了下跌，就维护了客户利益。而且只要还在下跌，无伦有多大的安全边际你不要买。”这种观点在性质上属于什么？它属于短视行为！属于只看眼前不看长期！投资和资产管理是凭借深远的长期目光，从长期看待问题，准确判断长期发展变化，从而获得利润的一种职业。如果资产管理者不能立足长期，在资本市场是玩不下去的。资本市场上短视是最大的缺陷，习惯于短视不习惯用长远的眼光看问题，是不能在资本市场上做投资的，更不能做资产管理。短视必定不能成功！在茅台跌破 200 元为了避免所谓的损失越跌越卖，而不是越跌越买，这种卖出在当时用非常短期的视角来看，每次卖出都是正确的。每一次卖出都躲过了下跌，每次卖出都马上能激起一片掌声。但是，我们立足今天回头看，那些在茅台 2013 年的**持续下跌过程中止损、控制回撤的卖出行为？他们只不过是把大好的机会白白的葬送掉而不知觉**！今天（2018 年），回头看我的行为毫无疑问是最正确的，当时在茅台 200 元以下不断买入，这些买入在经历了 2014 年和 2015 年两次 10 股送 1 股，目前的最高成本低于 160 元，也就是在 2013 年茅台持续下跌过程中，逆势买入在 5 年后至少获利 400%，长期结果证明当时不卖出逆势买入是最有利于出资人的、最合理的！然而在当时我的越跌越买被人们贬低，很多人都怀疑我，甚至弃我而去了！我没有办法在当时用一个客观的事实证据证明我的行为是正确的。短期来讲，我一买完就被股价的下跌证明是错误。这就是长期决策的难处，基于长期做出了正确的选择，往往马上就会被短期事实证明是错误的，你有口难辩！只能说一套大道理，但大道理短期变不成现实。拒绝短期思维，立足长期做出正确决策的人，在短期往往是猪八戒照镜子里外不是人。本来是为出资人的利益着想，但是短期看却是有害于出资人的利益。于是乎，中外资本市场上就演化出了止损的概念，就演化出了防回撤的概念。止损、防回撤被很多资产管理人视为最高行为原则后，他们就会把真正的投资原理放到次要位置。**那些把防回撤、防下跌作为最重要的事情的资产管理人对真理的执着，对真相的执着就会下降，往往会无视长期利益，因此不容易获得长期成功**。那些坚持从长期从理性的角度决策，无视短期的资产管理人，他们短期会失去人们的信任和支持。由于很多人怕失去短期利益，不能超越短期着眼长期，于是很多人会揣着明白装糊涂，知道下跌是机会但就是不买反而还卖出，因为他怕进一步下跌让自己面子上难看，让自己失去眼前人们对他的信任，怕失去眼前的利益。极少数的人能够从长期利益出发，而且也能够承受短期利益的损失和短期信任的消失，最终克服了艰难和困难，会迎来长期的利益和长期的信任。

这种情况下特别容易出现一种劣币驱良币的情况，由于出资人有一种寻求稳定的不正确本能需要，这种需要与投资逻辑、投资规律截然相反，满足这种愿望直接违背了投资规律和投资原理，却可以赢得投资人的认同，得到投资人的支持。如果坚持投资原理，拒绝投资人不合理不正确的愿望，会失去投资人信任。于是就会出现劣币逐良币的情况，坚持投资规律，坚持为投资人根本利益着想，不违反投资规律的资产管理人会被投资人淘汰掉。放弃、违背投资规律损害了投资人根本利益的资产管理的，反而会得到投资人的认同和掌声。2013年因为茅台股价大幅下跌的过程中，我认为下跌是创造价值增加安全边际，而且我也认为茅台的长期未来没有不确定，所以越跌越买，在这个过程中，我真正做到了毫不动摇地坚持投资原理和投资规律，真正做到了为投资人根本利益着想，把投资人的利益作为唯一的行为原则。但实际情况是什么呢？是我坚持投资原理，坚持维护投资人的根本利益，坚持为投资者利益着想的过程，是我不断被投资人抛弃的过程，而那些不断止损的人，虽然今天的事实证明他们是错的，他们是害了出资人的利益，可是当时他们却得到了出资人强有力的支持和理解。

某一天，我与国内多家投资基金经理聊天，参加的多个人员都是国内资产管理界的活跃人士和中坚力量，他们的观点让我产生了一个认识，那就是在资产管理业有一种为了抑制波动而放弃越跌越买原则。他们想方设法回避越跌越买，他们追求的是波动率小的股票，在他们看来到股市仿佛不是挣钱，而是为了避免波动，他们的想法做法以及指导原则，使得越跌越买完全变得不可能。他们有一套系统的与真正的投资原理完全相反的理论体系和原则，这套体系和原则的核心是抑制波动率，他们所采取的抑制波动率的手段方法与真正的投资之道背道而驰。越跌越买在他们看来是完全不可以的。在交流的 80% 的时间里，所有的内容都是围绕着怎么样抑制波动率，他们给投资之道留出的时间连十分之一都不到，不是我执意要谈这些问题，他们甚至于根本就不想谈真正的投资之道。任何使越跌越买不能实现的想法和做法都是有害于投资的，不幸的是资产管理界最流行的、最关心的问题是怎么样使越跌越买不能实现。我基本上明白了，要想长期创造出可持续好的投资回报率就不能进入主流的资产管理圈，在那个圈子他们日以继日所做的事是阻碍你按照投资规律行事。真正有潜力的资产管理人，可能因为进入主流的资产管理圈子而被毁掉。所以为了不被毁掉请不要进入这个主流的资产管理圈子。

这就是作为资产管理业最难的一道门槛，寻找机会当然是不容易的，但是在投资过程中，最难最大的考验是你真正把握住机会，真正为出资人利益着想的时候，投资人是不理解的，他会否定你、抛弃你。这个时候管理人怎么样做，怎么样选择？就是一个最重要的能力，这时的选择与知识无关。绝大部分人会顺应出资人的愿望，违反投资规律，只有极少极少的人会是不动摇的坚持投资规律，拒绝投资人不合理不正确的愿望，而这些人在当时会被错杀。这个时候很类似于人类历史上的杀忠臣，古今中外的忠臣一般下场都很惨，忠臣都是心为国家、为帝王，恰恰因为他一心为国家最后被杀，岳飞就是这样死的，奸臣每天琢磨皇帝怎么想，皇帝怎么想他就怎么说的，奸臣活的都很潇洒。

实践使我认识到在安全边际里止损和防回撤的都不太懂投资，或者都不是立足于投资人最大化来做决策，都是立足于管理人自身利益最大化来决策。**这么多年在资本市场上求索，我大体上可以通过几个简单的观点，知道对方懂不懂投资，凡是认为应该敬畏市场的，我就认为他不懂投资，凡是认为止损、防波动、防回撤的，我就认为他不懂投资。凡是强调分散投资的，我就认为他也不是太懂投资。**

控制回撤止损在资产管理业大流行的原因，就是它可以保护管理人的利益。出资人从主观上有一种不合理的愿望就是要稳稳当当的挣钱，不要波动，出资人的这一愿望是不理解资本市场最大的特点就是波动，这种愿望是不正确的，在股市不可能有稳定挣钱，唯一能稳定挣钱的是存款。资产管理人在出资人不合理的愿望之下，就会做出选择，一个就是尊重客观的资本市场，波动是不可避免的客观存在，不需要管波动，这样做固然是正确，但是得不到出资人的认同，这样就伤害了资产管理人的利益。于是资产管理人从它自身利益最大化的角度就要防回撤，止损。

第四章

成长投资的本质不是企业成长
而是企业成长超预期

1. 成长投资也是主观不能正确反映客观

大约在2013年的4季度初，我收到了投资人的来信，信中写道：

董老师您好！

您在此前的给出资人的信中写道，投资机会来自于大众认知错误的低估客观企业基本面所形成的主观认知与客观价值的偏差，对于这样一个说法，我有一个疑问，这种说法容易解释格雷厄姆的低估值投资，但是很难解释长期成长投资，毕竟我们看到长期成长投资就是买入以后完全靠企业的成长，完全不理市场的波动，您所提出的关于投资价值的定义不能解释涵盖成长投资，无法解释长期优秀的成长性公司说靠企业成长获得的利润。您是否考虑过这个问题没有？

投资人

收到信后，我再次马上回信，信中写道：

我构建的价值投资概念认为**投资价值和安全边际是内在价值与当下价格的偏差，更进一步此种偏差在本质上是主观认知不能正确反映客观事实的一种错误，客观事实被主观认知低估，从而造就了安全边际。安全边际在本质上是来源于主观错误**。这一定义能够很自然地解释了内在价值不增长的投资标的的投资机会，即格雷厄姆擅长的“烟头类”投资机会。但包括你在内的很多投资人提出，如果把安全边际投资价值定义为一种主观认知对客观事实的错误判断，那么这个定义很难解释优秀的成长股，比如贵州茅台、腾讯控股等公司的财富来源，这些投资标的被投资人买入后，随着时间的自然推移企业的经营成长推动企业内在价值增长，从而投资人的财富自然增长，整个过程完全是企业在推动股价和财富增长！这和被低估的安全边际似乎不同，对于成长股好像不能用主观认知错误反映客观事实来解释财富来源！

这个疑问并不能推翻安全边际和投资价值是一种认知错误的定义，我们看一个案例：一个成长股现在交易价格10元，处于15倍市盈率估值水平，这样的估值水平意味着，市场大众对该公司的未来成长持不积极的看法，大众把该公司视为一个普通的没有成长优势的公司。此时你在市场大众不承认该公司有成长性的情况下用10元买入，过了5年该公司净利润增加5倍，表现出极高速的成长性，内在价值增长到50元，你在5年中获得了5倍的收益。我们分析一下这个获利过程。企业的客观成长是财富产生的基础条件，但是市场没有想到、不认为该企业成长是你获利的更重要原因，假设市场已经准确预期到该公司的高成长性，那么就不会出现15倍市盈率的低估价，你就没有机会以10元的价格买入，没有机会低买就不能获利！客观事实是没有被想到的低估值才是获利的原因，并不是企业的成长直接导致获利！对于5年净利润5倍的高成长公司，如果市场预测到了其成长，一般情况下按照PEG为一的原理，估值水平应该在30倍市盈率如此高的估值水平下，企业成长客观上实现了也没有超额回报！市场没有准确预测到公司的高成长，没有预测到5年之后这个公司实现高增长才是财富的来源。这种没有想到就是对未来的低估和错判。从这一点上，**成长性投资的投资机会也是来自于错误估值，这种错误是来自于人们没有预测到企业的未来增长，或者说人们没有正确地认识到企业的未来内在价值，由于没有正确而是错误预测企业未来内在价值，导致今天的估值不正确，今天所定的价格没有正确的反映企业的未来成长能力和趋势，形成错误定价。当未来成为现实，成长事实展现出来，证明了早期的定价是错误的，于是出现了超额收益。预测的错误造就了财富！**

只有没有想到的超预期的增长才能推动股价上涨，这是资本市场的最基本的规律，也是被长期的实践反复证明的常识！超预期的增长在本质上是什么？答案是**超预期的增长是真实的增长超越并证明了早期的预期是错误的，才能获得超额收益**。超预期在本质上就是证明了早期预期的错误，可见，早期预期的错误是超额收益的来源。没有对未来的错误的预期，就没有可能获得超额收益。企业客观经营成长超越了市场大多数人的预期，这种**超预期的增长才是投资价值的创造者，不是成长本身**，对投资人有意义的是超预期成长而不是成长本身。所有能预期到的增长，即便这些增长实现了，也不能推动股价上升，真正可以推动股价上升的是超预期增长。

基于以上分析，**无论是传统的格雷厄姆型价值投资，还是费雪、芒格提出成长型价值投资，在本质上，都是主观不能准确判断客观导致主观和客观的偏差，形成了安全边际，从而获利。**格雷厄姆的烟蒂投资机会是人们的主观认知对当下的企业内在价值发生了错误判断，人们的认知低估了企业的当下内在价值。而成长性投资的财富来源是，人们对企业未来的经营状况的主观判断，与企业未来的真实经营结果不一致，低估了企业的未来成长。错误发生在对未来经营状况的低估和误判。**格雷厄姆式安全边际和成长投资的差别，只是形式上的，一个是误判了现在，一个是误判了未来。在本质上格雷厄姆安全边际和成长投资都是主观认知不能准确认识客观事实。差别只是前者不能认识当下，后者不能认识未来。**

在这一系列论证完成后，**我们可以得出普遍适用所有价值投资方式的结论，资本市场的投资机会都是主观认知和客观事实的偏差。**太多的人认为成长性投资我买上了，我一直拿着，我就获利了，于是认为这种获利是企业成长单方面推动的，这是一个误区。如果你买了一个公司股票，你认为该公司每年有 30% 的复合增长率，假使真的是 30% 的增长实现，你是赚不到超额收益的。假如该公司也成长了，但是他只有 25% 的复合成长率，在这种情况发生的时候你会亏钱。只有最终实现的成长比你预期的 30% 复合增长高，证明了你的预期是错误的，低估了企业的成长你才能获得超额利润。

2. 竞争优势所以重要是因为有竞争优势的企业容易超预期

因为有竞争优势的企业容易创造超预期增长。超预期的涵义是人们没有预期到，甚至不能被人预期到情况。因此直接寻找超预期成长企业就比较难！但超预期并不是完全不可知领域。生活常识告诉我们有竞争优势的企业容易创造超预期。比如说企业的管理水平比较高，科学技术水平比其他企业有优势，这个企业出现超预期成长的概率就比较高。**因此在判断谁能够超预期增长的时候，竞争优势就成了一个关键性依据，超预期会发生在那些有竞争优势的企业身上，寻找抽象的超预期公司就转化为寻找具体的有竞争优势的公司。这就是为什么巴菲特把竞争优势作为价值投资最重要基础概念的原因！**

2013年我看好贵州茅台200元买入，结果由于全社会受惑于一个错误的观点，人们认为中国反腐后，官员不能再喝茅台了，老百姓都是居家过日子，不会花上千元买茅台喝，所以茅台没有市场了。这个错误的观点广泛流行之后，茅台股价一泻千里。在这个过程中，我越跌越买，我越买股价越跌！我管理的否极泰基金的净值是越来越低。在出资人会议上，我讲了我的理由和逻辑。但是出资人普遍不相信我！有出资人问我："你这些逻辑终究要解决一个问题，茅台靠什么增长？茅台靠什么来对冲反腐后官员不再喝茅台酒形成的需求空当，茅台新的需求在哪里？"面对这个问题，我的困境是我也不知道新需求在哪里。我做了很多研究相信官员不喝茅台酒后茅台酒在中国是有需求的。但是新需求具体从哪里来我并不知道。于是，我在回答这个问题时就引述了竞争优势概念，我说："茅台是中国最好的酒，有一次我骑自行车到乡村游玩，村头村民们在那里聊天交流，我骑累了路过歇脚，顺便问他们中国最好的酒是什么？每一个村民都告诉我是茅台酒，甚至有的村民还无限感慨地说这一生没喝过一口茅台真亏！这种现象证明了贵州茅台品牌在中国老百姓中是家喻户晓、无人不知，这就是贵州茅台的竞争优势和经营优势，这种优势可以创造出新的需求，并依托新的需求创造出新的超预期增长。"现在回头想当时这段话，本质其实就是竞争优势可以创造出你想不到的新需求，新增长。想不到的需求和成长就是超预期成长！超预期成长来自于竞争优势！巴菲特把竞争优势作为价值投资重要的理论，原因就在于此！

一个企业在技术、管理、品牌等方面如果有竞争优势，就可以超预期增长，这就是竞争优势的重要来源。没有想到的超预期成长来自于哪儿？来自于企业的竞争优势，于是我们把投资价值定义为主观不能正确反映客观，这就和现存的格雷厄姆、巴菲特提出基础价值投资概念和理论完美的对接和相

融了！竞争优势的概念支持了投资价值的本质是主观对客观的误判。

假如一种道理是正确的，那么这种道理正着说，反着说都能说得通。假如这个道理是正确的，它就可以和现存的已经被实践和事实证明的道理自然融合，不会发生不能融合的情况。我们现在定义的投资价值是认知与客观事实的偏差与错误。一方面和巴菲特所提出的竞争优势理论完全自然衔接融合，另一方面这个概念可以解释各种投资类型和情况。既可以解释格雷厄姆提出的当前值 10 元，因为错误认知被以 4 元交易所形成投资机会，也可以解释芒格、费雪以及巴菲特发展并应用的成长投资。我们在解释成长投资时揭示了超预期成长是财富源泉，而超预期的本质是事实证明早期预判错误。实际上我在用投资价值是认知与客观事实的偏差与错误这一观点解释成长投资的本质是超预期成长时，把超预期作为财富源泉！超预期是财富源泉的概念也能解释格雷厄姆的四毛买一块投资模式，当内在价值一块，市场因为种种原因错误认为该公司只值四毛，以四毛在市场交易，这时四毛是大多数人认为的价值，是一种认知。这种认知实际上也是一种预期，是预期这个公司将来会“老太太过年一年不如一年”！就像 2013 年我投资茅台，人们认为茅台随着反腐的深化没有需求了，这种预期与成长投资的预期不同之处在于，它与成长投资的预期是相反的悲观预期。随着时间推移事实展现出来，没有发生被人们悲观预期的情况，展现出的客观事实超越了此前的悲观预期，悲观预期没有变为客观事实。这时的财富和价值用超预期创造财富完全合乎逻辑，也就是超预期创造财富也能解释格雷厄姆的四毛买一块投资模式。

我们看下面这个表格：

公司名称	2015 年 5 月市盈率	2017 年每股业绩相比 2015 年增幅	2017 年 12 月 29 日股价相对 2015 年 5 月涨幅
贵州茅台	16.74	74.72%	209.78%
全通教育	133.80	−76.74%	−84.40%
安硕信息	275.26	−43.75%	−86.55%
乐视网	77.00	−1222.58%	−97.00%

在 2015 年 5 月中国股市出现一个阶段性牛市，贵州茅台、全通教育、安硕信息、乐视网分别呈现了不同的市盈率，其中贵州茅台最低只有 16.74，而安硕信息高达 275 倍市盈率。从 2015 年这个时点看，市盈率就是当时主流投资者对企业未来的预期，当预期形成时价格自然形成了，估值水平就是预期的直接反应和表现。当时投资者认为最有前途的是安硕信息，其次是全通教育，被主流投资人嫌弃、认为前途最不确定的是贵州茅台。两年半过去了，到 2018 年初，贵州茅台的业绩增长了 74%，全通教育、安卓信息、乐视网的业绩都全面大幅度的下降，根本就没有出现预期中的成长。安硕信息、全通教育、乐视网不仅没有从正向超越预期，而且出现了反向超预期的情况，代表基本面的业绩不仅没有增长，反而大幅下降，这就是反向超预期，反向超预期就是风险！真实的业绩变化严重的达不到预期，真实业绩大幅低于预期，乐视网股价下跌了 97%，你投入乐视网 100 万元，只剩下 3 万元了，谁能承受得住如此惨烈的损失，安硕信息、全通教育跌幅都超过 80%。**达不到预期的反向超预期就是风险和损失！正向超预期是投资价值和机会！机会和风险都是来自于主观认知与客观基本面的偏差，投资价值和机会是基本面变化正向的大幅超越预期，用大白话说基本面比人们想象的好！风险和损失就是基本面负向变化，大幅低于预期，用大白话说基本面比人们想象的糟！**

具体我们还可以看到安硕信息历时两年多，2017 年每股收益相比 2015 年跌幅不如全通教育大，但是它的股价跌幅却超越了全通教育，为什么？因为安硕信息的市盈率高，2015 年市场对安硕信息的预期远比全通教育的预期乐观，安硕信息比全通教育估值高一倍。这样虽然安硕信息的业绩衰退小于全通教育，但最后安硕信息的股价跌幅大于全通教育。客观事实揭示了真正的投资价值和财富来自于超预期的增长，真正的风险来自于增长滞后于预期。机会来自于超预期，风险来自于未来不及预期。风险和机会都是一种主观对客观的反映，风险和机会都是一种认知和客观成长的相互关系，机会就是最后的成长超越了认知，而风险就是最后的成长不及认知。

2015 年贵州茅台非常低的市盈率表明，当时人们对贵州茅台的态度极不乐观，然而贵州茅台业绩两年增长了74%，股价却增长了200%。这个增长是受预期和基本面的双推动增长，2015年人们对茅台的预期是大幅衰退的，实际上发生的却是大幅增长，所以股价的涨幅非常之大，超越了基本面增长。

所以我定义的真正的投资机会是主观认知和内在价值的偏差以及错误是正确的！无论对成长投资还是格雷厄姆式投资模式都能解释。这种广泛适用性，证明这个概念和定义是正确的！

在正确理解投资价值这个概念时，我们需要分别区分如下一组概念：内在价值、安全边际、投资价值、估值水平、价格、优秀企业的成长性。这一组概念既有关联又有区别。**其中安全边际和投资价值两个概念是百分之百的同义词，完全一样。投资价值就是安全边际，安全边际就是投资价值。安全边际又是什么？是价值与当下价格的偏差，若当下的价格低于内在价值就是安全边际。安全边际是一个双变量函数，这两个变量，一个是价格，一个是内在价值，安全边际受这两个变量共同影响。由于价格是绝大部分投资人对企业基本面的主观认知，所以我们可以把价格抽象为主观化了的内在价值。内在价值是企业固有的客观价值。于是安全边际同时具有主观性和客观性，安全边际既是主观的，也是客观的，是主客混合物，是主观和客观的二元统一。**

安全边际的基础概念中包含的另一个特点是，不变性与变动性的统一。内在价值在某一时段是不变的，一个企业在三个月之内的内在价值一般是不会变化的，甚至更长的时间也不会变化。价格作为主观认知，受到了情绪的影响特别容易跌宕起伏。内在价值的相对不变性和价格的易变性，导致安全边际具有动态变化的特征，也可以说安全边际是一个变化状态。我们要在内在价值和价格的变化中，在两个要素的相互变化和对立统一中理解安全边际，理解投资价值。

2018年我在周末时间定期参加人民大学哲学班的研修，在我写本文时，恰好听了中国哲学特点的讲解，教授认为中国哲学重点研究事物变化和变化的过程，比如《易经》，以及阴阳的概念，都是着眼于演化与过程，并不重点研究实实在在存在的客观实体。而西方哲学是以研究客观实体为主，西方哲学把具体的事物作为重点问题作为研究，较少关注这个事物变化演变过程所存在的规律。这一差异触动了我长期以来所思索的一个问题，那就是价值到底是一个实体？还是一个过程？我为什么提出这个问题呢？对安全边际和投资价值的思考使我发现，安全边际和投资机会是在股价演化或者企业经营状况演化过程中形成的，安全边际和投资机会不是一个实体，而是价格和价值交互变化过程中的特定状态，在某个时间段会出现，演化到另一个时间段就消失了，再到第三个时间段它就又出现了。安全边际和投资机会出现在价格和基本面共同的演化过程中。也可以这样说，代表大众预期和大众认知的价格和代表企业基本面的价值，在交互的变化过程中会在某个特定的时间段形成安全边际和投资机会。一块金子放在那里并不能判定他有没有投资价值，只有同时考虑金子的价格时才能判断金子有没有投资价值，价格不是静止的，现实中价格处于永不停息的变化中，价格和变化是不可分割的，没有任何商品的价格是不变化的。金子价格因为某种原因变为为稻草的价格，这时巨大的投资价值因为价格变化出现。价格永不停息的变化也可能让金子的价格在某个时间变成钻石价格，当金子以钻石价格交易的时候，金子还是那个金子，这时不仅没有投资价值，没有安全边际，反而是有了风险。

还是那块儿金子。由于人们掌握了一种变金子为钻石的技术，人们可以把普通的金子变成更值钱的钻石，这时如果你能够以原有金子的价格买下这块金子，等它变成钻石时，你用金子的价格买下一块可以变成钻石的金子，在金子变为钻石后会获得财富，此时财富的产生依赖于金子变成钻石这样一个价值增长的客观过程，同时更依赖于你是在金子变成钻石前以金子的价格买入，二者缺一不可。你所以此时买入是因为你预测到这个金子会变成钻石，与此同时大众没有意识到这种变化将要发生。

无论是金子本身还是钻石本身都不能说它有什么价值，只有价格或者客观质地发生变化，才会出现安全边际和投资机会。投资价值以及安全边际是在变化的过程中产生的。发现安全边际和投资价值要立足于变化，而且这种变化是价格和价值都在变，这种价格和价值你可以套用中国哲学中的阴阳来理解他，阴阳交互变化出来的过程中会产生各种各样的结果。写到这儿，我想起中国哲学史上最著名的话，一阴一阳之谓道，继之者善！

什么是估值水平，估值水平是安全边际和投资价值的直观表现形式。我们说每一个行业，每一个公司在正常情况，他都有个合理估值水平，但是有的时候它低于这个估值水平就出现了安全边际，所以估值水平也是有没有安全边际，有没有投资价值的一个直观表现形式。

最后我们再谈成长企业和优秀企业，这一组概念只是从属于内在价值的次级概念。内在价值有增长性，会随着时间增长（有时也会下降）。优秀企业的成长性在整个价值投资基础概念中，并不是一个一级概念，它是一个二级概念，它从属于内在价值。有成长性的企业内在价值有一个特殊性，就是随时间推移持续的增长，不像有些企业几十年的内在价值是不变的，比如说供水公司、供热公司。但是企业内在价值持续增长是内在价值之下的概念，它不能作为价值投资大厦的基础的一级概念存在。像竞争优势也属于这样的二级概念，有竞争优势的公司能成长，导致内在价值与日俱增！

3. 投资风险和投资机会都是主观和客观的相对关系

客观超越了主观预期，是投资机会，会获利；客观不及主观预期，就是风险。机会和风险并不决定于纯粹的企业成长，而决定于企业的客观成长与主观预期的相互关系。我们的资本市场上常常错误地把投资价值只理解为企业的客观成长，否定主观预期也是一个关键的决定因素，否定主观预期判断是机会还是风险的关键变量。机会也罢，风险也罢，是一个二元函数，这个二元函数一方面是主观预期，另一方面是企业的客观成长，企业最终的成长超越了人们的主观预期，就是机会；反过来，没有超越就是风险。机会和风险不是单变量函数，纯粹的企业增长无法判断是机会还是风险。

在资本市场长期存在否定企业的客观成长与主观预期的相互关系，否定机会和风险是双变量函数的错误。这种错误表现为两种形式，一种是不看基本面，只看价格本身的运动方向，既所谓的技术分析，所谓的趋势交易，它们所以不能够成功，是因为割裂了投资机会是主观和客观的一种相互关系。它只立足于体现主观预期的价格。在主观预期里面进行分析、判断无视基本面，这是技术分析和趋势交易的本质。因为它们没有立足主客观的相互关系，所以它一定是不赚钱的。反过来，在中国价值投资领域思考机会和风险，从而是错误的。另一个错误是一味强调企业客观基本面优势，否定主观预期在价值创造过程的重要作用。在不考虑主观预期的情况下，纯粹的企业成长无法判断是投资机会还是风险。如果一味地强调企业的优势、企业的成长，而忽略主观预期，在极高的估值水平下买入一个优秀的公司，这时候它是不赚钱，反而要亏钱的。

2018 年 10 月 29 日，贵州茅台的股价再一次突然跌停，这是自贵州茅台上市近 20 年里极其罕见的几次跌停。上一次跌停，还是在 2013 年的 9 月 3 日。为什么在 2018 年 10 月 29 日跌停了，而且跌停之后，次日周二再次下跌 5%。答案是贵州茅台于 28 日晚间发布了 2018 年三季报。三季报显示贵州茅台净利润增长 23%。这个幅度增长对于绝大部分企业来说都是不错的，但是恰恰因为 23% 的增长，导致了贵州茅台下跌 15%，为什么呢？因为在 2018 年前半年贵州茅台的年报增长数据是增长了 40% 多。半年报中的增长数据激起了人们的乐观情绪，市场研究机构和投资人认为长期来看，贵州茅台都可以实现 40% 以上的增长。毫无疑问，这种预期是不正确的。因为经济规律不可能支持一个企业长期以 40% 的速度高增长，40% 以上的净利润增长一定是短期不可持续的。然而市场总是犯错误，市场总是无视基本的经营规律和经济规律。市场在茅台半年报 40% 左右的增长面前，想当然地按照自己的愿望做出了一个不正确的预期，错误地认为茅台将会继续上涨，经营继续高增长。乐观的高预期，直接推动了股价。这里我要说一下当前的股价，就是当下所有投资人中绝大部分人的认知预期和情绪，如果出现了乐观预期，股价立即就会上涨。即便基本面没有发生增长的事实，只要预期产生就会直接推动股价的变化。随着时间的推移，到 2018 年 10 月底，三季报见面，季报数据回归了一种正常合乎逻辑的增长，因此并没有什么问题，但是季报公布的客观经营事实证明早期所形成的不正确的乐观预期是错误的。

客观事实没有超越早期的预期，这种没有超越绝不是企业不努力，企业没经营好。而是人们的预期是错的，没有企业能超越一种经济规律都不支持的过度乐观的预期。这就是茅台股价罕见跌停的深层次原因，这个事件也再一次证明了真正的投资机会和投资风险都是事实和预期的相互关系。当主观预期没有被事实所超越的时候，立即就变成了风险。反之客观事实超越了主观预期就是机会。同时我们要注意，当下的股价总是由当下人们的预期认知决定的，预期认知对不对，将经受未来经营事实的检验，如果预期和经营事实是一样的，股价不会变化，如果经营事实和预期相比，超越了早期预期，股价会上涨，反之股价会下跌。

从整体上股市投资的过程其实是一种预期和事实的关系。股市中几乎所有的变化，都可以解释理解为预期和事实的关系。股价的涨跌首先是在预期直接推动之下的，这种预期直接推动的价格是对还是错，最终要经受事实的检验，一旦事实证明预期是正确的。那么价格会稳定，否则就会要么涨、要么跌。

所以我们要意识到一个问题，基本资本市场的投资绝对不是只研究基本面，机会和风险也绝不止来自于基本面。机会和风险来自于客观经营与市场主观认知的相互关系，对机会和风险的把握，就是要研究这种相互关系。如果一般来说预期过高，那么逻辑上就很难超越。如果预期过悲观，逻辑上就很好超越，这也是为说明巴菲特留下一句别人恐惧我贪婪，别人贪婪我恐惧的名言。因为在别人恐惧的时候，预期低，恐惧下人们理解企业要破产，按照破产定价，恐惧下的低预期一般是很好超越的，只要企业不破产就会实现超预期，反之如果别人都很乐观，别人很贪婪，在贪婪状态下预期都是爆棚的。这种爆棚的预期很难被客观事实所超越，因为客观规律决定了增长是有内在逻辑的，主观的愿望往往是不讲逻辑的。从巴菲特别人恐惧我贪婪，别人贪婪我恐惧的角度，也可以理解真正的投资机会投资风险，更多的是预期与事实的相互关系。2018 年 4 季度我用大量的精力和时间在研究银行股，并且对银行股有投资，银行股的基本面并不比茅台更强，银行是一个高风险的产业，因为它经营的是风险。在基本面不及白酒的情况下，我为什么并不特别重视白酒，而转向高度重视银行？因为银行是处于被低预期笼罩的过程中。在金融危机后，全球的研究机构都认为中国的金融体系存在着发生危机的可能，这种观点在全球范围内流行。

该观点的流行使中国投资者认为中国银行业是有严重的问题，经营业绩会大幅衰退至少50%。所以这种预期产生后，关于银行的股价预期决定的银行的股价和估值只有5倍，而且这5倍市盈率长期存在。那么随着时间的一年又一年地过去，银行股的估值仍旧是5倍，但是银行基本面一直没展现出衰退的问题来。这就是一个悲观的预期，在极长的时间里没有被事实证明是真的，也没有证明是假的。而我对银行的基本面的分析，数据的分析，国情的分析，认为中国银行业不存在市场预期的悲观，过度低估值为超预期奠定的条件，银行未来的经营将会超越人们对银行股的预期，所以我大量的投资银行，这就是我应用自己所发现的规律理论指导自己投资的案例，当然银行的判断还没有揭晓，未来如果揭晓，我会总结其规律。

4. 巴菲特“只跨越一尺栏杆”内含只买低预期

巴菲特说："在投资方面我们之所以做得非常成功，是因为我们全神贯注于寻找我们可以轻松跨越的1英尺栏杆，而避开那些我们没有能力跨越的7英尺栏杆。也许可能看起来不太公平，但在公司和投资中，专注于解决简单容易的问题往往要比解决那些困难的问题的回报高得多。"**只跨越一尺的栏杆的思想目前市场上人们的理解是只投资简单的标的公司，所投资的公司要简单，要有可预测性，所投资的公司没有过多的风险点。这是人们对巴菲特只跨越一尺栏杆思想的基础性理解。但是人们忽略了一尺栏杆还包含着一个最重要的内涵，那就是在买入公司时既要看企业基本面的简单属性，还要在低预期、低估值时买入。**因为最终赚钱不赚钱决定于企业的成长是否超越了资本市场人们的预期，预期高低的直观表现是估值水平高低，以较低的估值水平在较低预期时买入，对预期的超越变得容易，变得低难度了。如果预期很高，100倍市盈率购买了一个优秀的、伟大的公司，那么基本面超越这种预期的难度就大幅提升了，100 倍市盈率买入一家公司，企业连续 10 年 20% 的成长率增长都很难保证你赚钱。由于预期低所以容易被超越，这是一个最简单的生活常识。**巴菲特只跨越一尺栏杆的思想增加了只买低预期低估值的内容，才是完整的理解巴菲特一尺栏杆思想。并且我认为，巴菲特提出的只跨越一尺的栏杆的思想与竞争优势、能力圈是巴菲特为价值投资理论所贡献的最重要的三个原则，这三个原则和格雷厄姆的安全边际原则可以成为价值投资的基础原则。**下表是巴菲特过去几十年买入股票的估值水平统计。

巴菲特买入公司股票估值逻辑表

买入年份	公司名称	行业	类型	买入市盈率	买入市净率	年复合收益率	ROE	盈率情况
1958	桑伯恩	地图	烟蒂股	47 倍	0.5 倍			拆分重组，收益丰厚
1961	登普斯特	农机制造	烟蒂股	亏损	0.63 倍			拆分重组，收益丰厚
1964	美国运通	信用卡	优质股	14.2 倍		12%		至今持有，收益丰厚
1965	伯克希尔	纺织	烟蒂股	6.6 倍	0.8 倍			至今持有，收益丰厚
1967	国民保险公司	保险	优质股	5.4 倍			20%	至今持有，收益丰厚
1972	喜诗糖果	食品	优质股	11.9 倍	3.1 倍	16%	26%	至今持有，到 2007 年收益达 54 倍
1973	华盛顿邮报	报纸	优质股	10.9 倍		11%	18%	到 1990 年，17 年收益达 34 倍
1976	GEICO 保险	保险	优质股		5 倍	22%		至今持有，复合收益 22%
1983	内布拉斯家具	家具	优质股	8.5 倍	0.8 倍			收益丰厚
1985	大都会	传媒	优质股	14.4 倍		23%	26%	收益丰厚
1986	斯科特吸尘器	家电	优质股	7.8 倍	1.8 倍		23%	到 2000 年分红 10 亿
1987	所罗门	金融	优质股	9% 利息	可转换优先股	6.60%		9% 复利持有 10 年
1988	可口可乐	饮料	优质股	13.7 倍	4.5 倍	12%	55%	至今持有，到 1998 年收益达 10 倍

续表

买入年份	公司名称	行业	类型	买入市盈率	买入市净率	年复合收益率	ROE	盈率情况
1988	房利美	金融证券	普通股	8倍		24%	23%	到1999年11年收益达10倍
1989	美国航空	航空	普通股	9.25%利息	可转换优先股	6.60%		9%复利持有10年
1990	富国银行	金融	普通股	6倍	1.1倍	25%	24%	至今持有，1990年到2000年收益10倍
1991	吉列刀片	日用品	优质股	23倍		16%		持有优先股转换，持有13年收益7倍
1991	M&T银行	金融	普通股	7.8倍	1倍	13.70%	12.50%	至今持有，到2006年15年收益7倍
1993	德克斯特	鞋业	普通股	16倍	1.9倍			亏损，用伯克希尔换股，亏损严重
1999	中美能源	能源	优质股	13.5倍	1倍	17%	20%	到2012年收益7倍
2000	穆迪	评级机构	优质股	19倍				收益丰厚
2003	中石油	能源	普通股	5倍	1倍	45%	16.30%	持有5年，收益7.3倍
2005	沃尔玛	连锁零售	优质股	20倍	3.3倍		22%	收益丰厚，后悔买少了
2006	合众银行	银行	普通股	12.5倍	2.9倍		23%	收益丰厚
2006	乐购	连锁零售	普通股	66倍	2.5倍			亏损严重
2007	康菲石油	能源	普通股	6.8倍	0.95倍		21.50%	亏损严重
2008	比亚迪	电动汽车	优质股	10.2倍	1.53倍		16.60%	至今持有，收益丰厚
2008	高盛	金融证券	优质股	10%利息	可转换优先股	10.25%		金融危机时，巴菲特救助高盛，收益丰厚
2011	IBM	信息软件	优质股	13.5倍	8.5倍		69%	失败的投资
2011	达维尔医疗	肾透医疗	优质股	17倍	3.2倍		17.70%	至今持有，收益丰厚
2011	direcTV	信息节目	优质股	15倍	2.6倍			至今持有
2011	迪尔	农机	优质股	11	3.7倍		37%	至今持有
2016	苹果公司	电子硬件	优质股	14.66倍	4.56倍		31%	至今持有，收益丰厚

我们可以看到巴菲特所买的股票，在买入时估值水平很少超过20倍。即使被巴菲特非常看好的可口可乐，巴菲特买入的价也没有超过20

倍市盈率，为什么巴菲特绝大多数买入都是在个位数市盈率下手？因为你高市盈率买入很难被基本面所超越。市盈率是大众的预期，市盈率越高反应大众越乐观，越乐观的预期越难超越，越悲观的预期越好超越。因此一个理性的、可以挣钱的投资决策，一定要考虑尽可能的低估值。特别注意表格中巴菲特以66倍市盈率买入连锁商业乐购，最后严重亏损，成为巴菲特投资事业中为数不多的严重亏损股，究其原因高预期高估值下买入是罪魁祸首！

反之在低预期低估值情况下会发生基本面出现衰退股价反而上涨，因为衰退的基本面没有向人们预期的衰退那么严重，真实的衰退好于预期中的衰退！

我于2010年开始在否极泰基金中投资茅台，并且在2013年那一场罕见的令人终生难忘的大暴跌、大波动过程中，不断的大规模加仓，以至于融资负债，最后贵州茅台经历曲折，走向了上涨。从2013年底到2017年，贵州茅台从100元涨到700元，整整涨了7倍。我从650元开始卖出，最后一笔卖出价我记得非常清楚是739元。我为什么要卖出？有两个原因：第一我卖出时茅台的市盈率已经30多倍，如此高的市盈率使我感到恐慌以及坐立不安，甚至无法入睡。在这种情况下，我需要平衡我的心理。但是我也是非常纠结的，因为经过这场惊天动地的大博弈，我发表的大量产业分析文章让我赢得了白酒产业的尊重。很多白酒上市公司以及上市公司高管都邀请我参加讨论交流，愿意听听我的观点。在这个过程中，实际上我获得了过去没有的调研优势和信息优势。你想一想，一个普通投资人可以和所投资公司上市高管一起讨论，而且是近距离无所不谈，我去一些白酒销售企业调查的时候，将得到很多便利甚至礼遇，这个时候我得到了真实的市场信息。这让我对卖出茅台处于犹豫不决中。

最终促使我卖出的关键的原因是，我看到了另一个行业的整体估值只有5倍，这个行业就是银行，我在卖出茅台的所有原因中，银行的相对估值更低，处于更悲观预期中是重要原因之一。银行的低估值与低预期使我相信其中包含了更多的投资价值。资本市场认为中国银行业整体会发生60%左右的净利润衰退，这一悲观预期让银行股的估值水平只有正常水平的 40%，过低的预期和估值水平将会出现一种情况，即使银行业净利润下跌 50%，只要不出现 60% 的净利润下跌股价都会上涨！即便业绩下降股价也会上涨，这就是低预期的好处，这就是低预期在创造财富过程中的重要性。财富来自于企业，实际上更来自于低预期，企业业绩衰退的时候，只要预期足够低，股价也会上涨，只要所发生的衰退没有市场预期中的衰退严重，股价也会上涨。这就是中国银行业吸引我的基础原因，事实上我的研究结论是中国银行业的业绩根本不会发生衰退！

我在卖出茅台买入银行后所发生的情况是，茅台仍旧在上涨，银行仍旧在下跌，至少在我写这篇文章的时候，局面还是这样。那么未来会怎么样？我们让时间给出答案，最终结果出来，我还会对这样一次操作做深刻的总结。

巴菲特、芒格，包括费雪提出以合理的价格买入优秀的公司，意味着巴菲特他们不同意以很高的价格买入优秀的公司。但是我们中国的投资界延伸出一种非常错误的理论，认为投资就是投企业，这个观点一开始就错了，投资是投一种主观和客观的关系，某些优秀的企业能够凭借它独特的竞争优势创造出超预期的增长，但是优秀的、有良好竞争优势的企业所创造的财富也是立足于超预期的，如果市盈率过高，再强的基本面优势也实现不了超预期。所以投资就是投优秀的企业，这个话是错的，在理论上是错的。更有甚者说优秀的企业不需要考虑估值，这种观点完全指鹿为马，投资理论上根本不支持这个观点，只要你不去关注估值水平，那么你一定是错的。某些时候你以 100 倍市盈率买入但最终结果仍旧挣钱，没有亏钱，那只不过是确实公司竞争优势很强大，在高估值高预期的情况下，企业凭借竞争优势超越高预期。但是绝对不能以偏概全，从理论上否定低预期在创造财富中的重要作用，中国资本市场上对预期在创造财富过程中的重要的客观的作用缺少必要的理解，导致错误观点大流行。

第五章

越跌越买　绝不敬畏市场

1. 价格涨跌不能作为对错标准

时间到了2014年的1月，贵州茅台的股价从200多元跌到了100多元，跌幅高达60%。重仓茅台，且加了融资的否极泰基金，在我的精心管理下，跌幅高达70%，并且我凭借巨大的跌幅，勇夺2013年中国私募基金跌幅第一，这样的一个跌幅，刷新了中国资本市场自有私募基金以来的几乎是最大跌幅。凄惨的局面和糟糕的收益，使我有机会被各大媒体报道和传播，我的朋友甚至在新华网上看到了对我的报道，凤凰网、新浪、搜狐、腾讯对我的情况都大加报道，无所不在的报道，让我20多年没有联系的中学同学都打来电话鼓励我，同学对我说："没什么大不了的，千万要想开，不要想不开。"此时我也收到了多封来自出资人的信函，其中有封信函非常具有典型代表性，这封信我所以认为有典型代表性，是因为信中包含了重要的投资问题。其中一封中所包含的投资问题是，如何判断一个人的投资决策是对的还是错的，能不能通过股价下跌来判断投资决策是对还是错，能否说股价已经大幅下跌了，所以决策就是错的。如何看待有效市场。出资人在信中反复告诫我，市场走成这样子，市场难道没有其合理性吗？你总不能认为那么多学富五车、高学历有经验的人的判断是错的吧！

来信有非常值得讨论的地方，所以我把这些信都公开出来，分别讨论。

老董你好！

在贵州茅台股价大暴跌，我们否极泰基金净值大幅下跌时，你对下跌视而不见，不断买入，结果加速下跌！我认为我们在集中投资一只股票的情况下走到现在已经失败了！老董你已经心理失衡，你现在的行为是非理性的！

成功的投资一定是逆大众的，但不合时宜的逆大众也许会死得很难看。老董你现在的思路似乎是只坚持自己认定的价值，完全不理会市场。这种方法在中国会不会不合时宜？毕竟中国的各方面特色还是很明显的，茅台从最高点下跌到今天从幅度和时间上我想是超出你预期的，茅台长期来看当然还会涨起来，不过凯恩斯说，长期看我们都死了。面对目前我们的现状，我想问的是，难道股价下跌60%的事实还不能证明你的决策是错的吗？如果不能，那么你认为什么可以证明你是错的？股价在多长时间内没有回归你认定的价值你会认错？一年两年还是三年？我认为我们做错了，我们已经失败，只是你不承认失败。在反腐以来没有降低白酒仓位也犯了战略错误。我知道您不会接受自己已经做出错误指责，但现实如此严峻可否暂时把您所坚持的那些抽象的对错原则放下，从现实出发思考如何摆脱危机应对眼前的现实，因为从现实看我们错得太严重了！借用一句话，存在即合理，市场是有效的我们应该敬畏市场，市场给予企业或股票这个价格，是有道理的！

投资人

信中出资人对我意见很大，甚至认为我已经处于心理失衡，并进一步提出了两个投资实践中的重要的问题：怎么样判断一个投资决策是对的还是错的？当股价大幅下跌的时候能不能说价格下跌了所以投资决策错误了。第二个问题是，在投资实践中如何看待有效市场理论，该不该敬畏市场？这两个问题是投资过程中最普遍的现实问题，几乎每一个投资者都会遇到这样的问题，当时我很快给出资人写了回信，事后我又对这两个问题进行了深入的思考。

我的回复如下：

关于我的心理失衡，我没那么脆弱，如果一个人在下跌的过程中心态出现问题，一定是要抛空走人的，这是动物的本性。我不是，下跌之后我自动就认为处境很安全很好，所以我想尽一切办法扩大买入，我身边一些人都是在一定压力下离开了贵州茅台，之后才能安然入睡。我现在想尽一切办法买入，而且是极端的买入，不顾一切地买入，这是我的心理想法。如果这是心理失衡的话也说得过去，的确在下跌时疯狂买入也是一种不正常的心理！

一些社会评价包括一些媒体、投资人对我们否极泰的评价，我非常清楚，这些评价数量巨大，观点是一边倒的否定、嘲笑、贬低。这种情况没有丝毫的不正常，指望着一个年收益负 60% 的企业不被嘲笑是不可能的，但是我们不要把这些嘲笑和贬低当回事情。从本质上他们并不掌握真理，他们只不过是饭后需要一个消磨时间的话题。2013 年 9 月 2 日贵州茅台股价跌停。我在自己的微博上发了一篇文章《茅台跌停，豪气大增》记录自己的心理状态。文章中我写道：

“如果你不敢藐视市场先生，如果你没有绝对的自信和对投资对象绝对的了解，你就不适合做投资。所谓茅台跌停跟基本面有什么关系呢？没有关系！跟估值水平有什么关系呢？没有关系！跌停是对未来恐惧的反应，而事实上未来是非常清楚的，这就是上天会让一部分人盈利的关键原因，虽然表面看上去投资茅台损失很惨，但是大局已定了。

今天我很自豪，我感受到某种投资家的气质，什么是投资家？绝不是预测走势，也不是研究基本面，善于研究基本面可以成为好研究员，但不一定能成为投资家，杰出的投资家真正的核心在于排山倒海式的崩溃面前对常识的确定坚信。今天我似乎感受到这种气质，早晨我骑自行车一小时，之后接了 N 个悲伤的电话，然而我不断地重复着自己的看法，我就像一个歌手一样，用我的歌声温暖一个又一个被跌停打晕的投资人，事实上这些电话也罢，网络上的投资人也罢，某种程度上增加了我的负担，但是我不得不断的唱歌。有一部分人怀揣悲观而来，带着信心而去，当然大部分人不能自拔。

有很多人说：‘几个月前就让你改变操作，早跟你说茅台要死你不信，今天事实都如此清楚地出现，你还不信，你根本就是不可救药了，你除了死没有第二条路。’我哈哈大笑，笑声令我陷入另外的尴尬，人们认为我已经疯了，认为我的笑声是疯了之后的病态。我没有办法证明我不是疯子，但是我要跟大家讲，今天我有一种超越平常更强烈的自信，我知道什么是成为一个投资家的素质了，我今天感受到这个投资家的气质了，我非常振奋！如果中国最好的作为国礼相送的白酒，以十倍市盈率交易，在行业环境最困难的时候还在成长，而投资人却在这个状态下还提心吊胆，没有对未来确定的判断，那还投什么资啊！”

这篇在半年前我写的文章发布时，市场上就已经流传出董宝珍精神错乱的观点，近几个月以来，由于我异乎常人的言论观点和行为，人们都说，我已经精神错乱。有很多人公开对我的能力、人品包括精神状态提出了极端的负面评价，认为董宝珍根本没有投资能力，而且人品极差，死不认错，且精神出现了异常。

今天出资人说我已经心理失衡，只是几个月来人们对我与众不同行为不能理解，不能接受的一种表现。的确在我们的重仓股股价崩溃式下跌60%，我们的基金跌70%的情况下，我不止损，不割肉，不卖出，不离场，而是日益强烈的看多，日益主动的买入，越跌越买，越买越跌，我的行为与主流的大众认知和大众行为不一样，所以大众认为我精神错乱，这也怨不得大众，当大众都疯了的时候，我没有发疯，这时，我就会被大众视为疯子，在大众都已经不正常的情况下，一个正常的人很难证明自己是正常的。

难道世界上最简单的道理不是越跌越安全吗？不是越便宜越有价值吗？股市的道理跟菜市场买白菜有什么不同啊？菜市场打折的时候难道你不是跃跃欲试的要买入吗？为什么我们在菜市场趁下跌买入会被认为是精明的、理性的，而到了股市乘下跌主动大量买入，做同样的事情，就被视为是精神错乱呢？

我只是坚持了越低越安全，我只是坚持了在菜市场上因为菜价打折而大量买入的简单的生活常识，如果因为这种行为而大众说我心里失衡，说我已经疯掉了，那就随他们去吧，我没有必要跟一群已经完全陷入非理性的人讲投资原理和生活常识，更没有必要在意他们的说法。

从今天的结果看认为我们是失败的。这个观点不正确，首先从现在的表面现象看，价格不断下跌使我的决策和判断看上去始终是错的，但从股价和基本面的根本关系来讲，从价值投资的基本原理看，我认为真理在我们手里，因为真理在我们手里，所以我们是不会失败，且一定会大获全胜的！昨天ZQ先生给我打来电话表达了同样的担忧。我对ZQ说：革命不是请客吃饭，投资是一场血战，在过程中出现极端情况是正常的，我们如果能对所有的过程全部了如指掌，我们也就用不着干投资了。逻辑上任何人都不可能预测所有的过程。我的想法和最终事实一致是应对风险的最有效手法。判断我对错的唯一标准是我的判断是不是和基本面的变化一样，从现在已经体现出来的基本面信息看，我的判断是对的！所以我们不会失败！现在还没有到判断成败的时候。大幅下跌不能证明我是错误的！最终时间会证明我是正确的！当前股价的下跌，只是因为市场大众不知道贵州茅台真实的经营情况和现状，只是因为大众的错误和恐慌。那个使我们看上去陷于失败的价格，只是市场中大部分人的错误认知错误情绪的表现，这个价格本身是错的，我们不能用价格的涨跌来宣布自己行为对错和成败，对错的衡量标准不是当下的价格，这是我做价值投资多少年来最深刻的体会，如果我们认为价格总是对的，我们就没有必要追寻价值，就没有必要去研究基本面，我们所以要研究价值，研究基本面就是因为我们认为价格并不正确，并不能反映基本面。我在过去的时间里废寝忘食，昼夜加班对贵州茅台的基本面进行研究，这些研究成果已经得到了酒业上市公司高级管理层的认同，得到专业酒类媒体的认同，得到了国际投资界的认同，难道这些是上市公司的高管、酒类媒体的主编、国际资本的掌舵人都比市场中的大众更糊涂更愚蠢吗？我们没有失败！

在过去的一段时间，有很多人指责我，茅台股价下跌三分之二的情况下，你董宝珍仍旧不承认错误。你为什么对这样的一个清楚客观的价格变化证明的错误，视而不见拒绝承认呢？我不止一次的遇到这样一个说法，认为价格是客观的。他们说："你看董宝珍，现在你买的股票已经跌了这么多了，我们人要尊重客观吧？这么真实的价格下跌。怎么你还说你没有错，你是正确的？"提这个问题的人认为价格是真实的，价格看得见摸得着因此客观的，因为价格看得见摸得着所以价格代表着真理和真相。他们把价格视为判断正确与否的标准，把价格作为进退取舍的依据。他们一切的一切都是围绕着价格的走向行动。

我不同意认为价格是唯一真实的，我不同意只站在价格上看成败，我不同意把价格视为是最真实、最客观的，价格实质也是一种主观认知和主观情绪，看得见、摸得着的价格，实质上是大众共同的主观想法和共同情绪的表现，价格和价值投资的想法一样也是一个主观想法，不同之处是价格是大众的想法，因为人多势众他表现为一个可以感知的数字。我反对把价格变化视为对错的判断标准，我反对把一切与当前价格变化方向不一样的想法、做法都视为错的。

但这触及一个新问题，不能以价格的涨跌作为对错判断标准，那么用什么来判断一个投资决策的对错？回答这个问题必须解决价格变化的根本决定力量是什么？

2. 价值投资者立足本质看问题

就万事万物来讲，一切事物都可分为现象和本质，本质的逻辑、道理和规律，支配、统领着现象，现象除了纷繁复杂无限多样，还可以分为真相和假象两个类型。在哲学层面上，真相是指那些与本质规律所决定的方向保持一致性的现实表现。假象是指与本质规律所决定的方向不一致的现象。比如回光返照，比如倒春寒，比如秋老虎，比如 2015 年乐视网的经营除了假大空之外什么都没有，但股价却大幅上涨数倍，比如 2013 年贵州茅台基本面稳定的情况下股价下跌 60%，这些都是假象。**所以我们可以得到一个看待思考世界的基本分析模型，首先把世界分为本质和现象，分别研究现象和本质的特点以及它们在事物发展变化中的作用。现象纷繁复杂，无限多样，流动不居，本质提供发展变化的方向，现象又分为真相和假象。这样地看待事物的模型简单可以概括为："物有本末，末有真假"。我们把价值规律、安全边际纳入现象与本质以及真相、假象的模型进行思考，可以发现价格是现象，价值是本质，价值从中长期上根本的决定价格的走向，价格从中长期上根本的被价值所决定。价值规律就是本质根本决定现象的规律，价格所以和价值会不一样，有时会出现严重的偏**

差，是因为现象中的假象本来就会与本质不一样，假象会以与本质截然相反的方式表现出来。价格所以是流变不居是因为所有的现象都是流变不居的，现象包括真相和假象，所以价格也有真相和假象。当价格与价值的方向一致，价格正确地反映了价值时，就是合理估值就是真相状态。价格从与价值相反的方向反应价值时，就是错误定价，就是假象。安全边际是作为现象的价格不能正确反映作为本质的价值。安全边际就是价格处于较明显的假象状态，由于假象在哲理上必定因为它是假的不能长久。一切长久的必须和本质规律保持一致，于是安全边际发生后一定要走向回归真相的过程，回归真相的过程就是估值修复过程。估值修复所以能实现的深层哲理是，假象因为与本质规律不一致所以一定会消失。这就是我把安全边际和价值规律纳入到现象与本质的思维模式下得到的认知。为什么会出现安全边际？安全边际在本质上是什么？为什么安全边际发生之后一定要估值修复？都通过现象与本质的思维模型得到了解决。价格在复杂的变化过程中，不是合理估值，就是错误定价，合理估值在性质上就是真相，错误定价在性质上就是假象。严重的错误定价就是安全边际，这是安全边际所以回归的深层原因。真相必然取代假象，假象必定不会长期存在。

有效市场理论和无限流行的敬畏市场的说法他们错在何处？有效市场理论它否定的是现象与本质的根本性差异，在有效市场理论里认为价格作为现象永远是对的。现象之后没有本质，它否定本质的存在，从而也否定立足本质看问题，立足本质判断现象的真假，它认为一切表现出来的价格现象，自然是最合理最正确的。它把现象视为永远正确，把现象视为真理标准，否定假象的存在，宣布所有的现象就是正确的都是真理，这就是有效市场理论。有效市场理论与数千年来人类所发现的现象与本质构成万物，现象中包含着假象的思想尖锐冲突，与尽人皆知的常识性真理截然相反。

3. 价值投资与敬畏市场水火不容

敬畏市场者本质上是敬畏现象，追随现象，把现象视为至高无上的真理。有效市场理论以及由此提出的敬畏市场，他们根本错误就是否定本质，把现象绝对化，真理化。价值投资与敬畏市场水火不容、价值投资与有效市场水火不容。当我们敬畏一个东西的时候，必然是因为这个东西主宰了某方面命运，否则不值得我们敬畏。人们所以主张敬畏市场实质是主张敬畏价格。因为价格决定我们当下的盈亏，当下的盈亏是由市场价格直接决定的，这就是人们主张敬畏市场的根本原因。表面上看当下我们被视为英雄还是被视为狗熊，的确是由当下的市场所主宰决定的。人都是重视眼前的，相比较于中长期，人更加关注短期的境遇，关注短期的人性本质是主张敬畏市场的原因。敬畏市场的原则下，我们必然走向了否定价值，必然走向在下跌发生时不是买入而是卖出，必然走向放弃低估、放弃价值、放弃长期利益。敬畏市场导致我们放弃长期利益，以短期变化为进退取舍的依据，所以必然不再关注价值，不再关注基本规律而完全被眼前的现实牵着鼻子走。敬畏市场者放弃了最基本的投资原理，放弃了坚持独立思考，也放弃了自信，当这些都被你放弃后，不可能有确定的结果！

《楚辞》中记录了屈原与渔夫的一段对话，这段对话形象地反映了相信有效市场、敬畏市场的人，和相信价值不相信有效市场、不敬畏市场的人思想本质上的差异。

屈原既放，游于江潭，

行吟泽畔，颜色憔悴，

形容枯槁。渔父见而问之曰：

“子非三闾大夫与？何故至于斯！”

屈原曰：“举世皆浊我独清，众人皆醉我独醒，是以见放！”

渔父曰：“圣人不凝滞于物，而能与世推移。世人皆浊，何不淈其泥而扬其波？

众人皆醉，何不哺其糟而歠其酾？何故深思高举，自令放为？”

屈原曰：“吾闻之，新沐者必弹冠，新浴者必振衣；

安能以身之察察，受物之汶汶者乎！

宁赴湘流，葬于江鱼之腹中。

安能以皓皓之白，而蒙世俗之尘埃乎！”

渔父莞尔而笑，鼓枻而去，乃歌曰：

“沧浪之水清兮，可以濯吾缨。

沧浪之水浊兮，可以濯吾足。”

遂去不复与言。

在对话中，屈原和渔夫各代表一种价值观和行为原则，屈原坚持信仰和原则，不同流合污，渔夫强调与世推移、随波逐流。这两人的观念反映**了人类两种价值观，一种认为万事万物背后有一个本质性规律，最终决定事情的发展方向，人应该建立原则和信仰，坚持顺应本质，哪怕时局在一段时间内出现了是非颠倒也不放弃原则坚持本质规律。在这种观念下坚信本质掌握真理、顺应规律是最重要的事情，不向非规律主导下的所谓事实低头。人类政治、经济领域坚持这一策略的大有人在，在普遍成功的基础上，也有个别人因为坚持了真理至高无上而不成功，典型代表是屈原。第二种原则和价值观是重视和敬畏现实局面，一切以眼前当下现象为本，眼前当下的现实局势是自身行为的根本依据，重要的是与当前现实局面保持一致，至于局势是不是合理根本不需要考虑，因为他们不承认现象背后还有什么永恒的东西，现象就是一切，典型的代表就是屈原投江之前劝屈原的渔夫。渔夫型价值观强调的是要依当下的局势而定的，当下流行什么你就要跟随这些东西，不要在当下局势之外主观找什么真理和规律，渔夫型价值观不承认时局之外有真理和规律，不承认现象背后有本质，不赞成将本质性的真理和规律作为行为依据，现象变我就变。不追随眼前现象就是错的，无条件顺随眼前现象就是对的。**

价值投资追求的内在价值和屈原一样追求的是现象背后的本质规律，内在价值就是本质，因为内在价值是本质，因此它根本上决定终极价格变化。价值投资唯一信仰内在价值，不向市场情绪低头。渔夫主张的河水脏你就洗洗脚，河水干净你就洗洗脸，就是非价值投资者所信仰的涨的时候就追进，跌的时候就抛出，不要问对不对！这和有效市场理论主张的敬畏市场完全一样，强调现象否定本质。

终极的盈亏并不是市场价格决定的，终极的盈亏与市场提供的短期的价格无关，与企业的价值密切相关，价值决定了我们的终极盈亏与命运。投资人的终极命运不是由当前价格和当前市场状态主宰和决定的，真正主宰我们终极命运的是企业价值。敬畏价值，追求价值才是根本，一切以价值为依据，完全无视市场价格，不仅不敬畏市场，而且要把市场看作疯子、傻子、神经病、小丑，要轻视、鄙视、蔑视、无视市场。价格会错，市场会错，市场只是当前大众的情绪和认知，大众不值得敬畏。要想做得更好，做得更持久，更符合投资指导，一定是藐视市场。一定是在市场下跌过程中导致资产阶段性损失时不在意，在社会评价下降时不在意，藐视市场、无视市场，只有这样才能最终迎来终极的结果，才能始终拥抱价值，才能坚守投资规律。

在价值投资之父格雷厄姆看来，价格以及由价格构成的市场和疯子是完全一样的，它没有理性，不可捉摸，情绪随时都有可能进入狂喜，另一个时间又进入极端的痛苦。因此对待这样一个疯子，无视它的存在，不要把它作为一个重要的问题来看待，而是把精力放到决定价格的因素作为本质的价值。回到价格和市场变化的基础，企业基本面决定的价值，以及由企业基本面和价格水平共同决定的估值水平上来，由估值水平决定自己的行为。这是价值投资者的思维方式和基本行为原则。企业经营受到本质的经济规律的支配，企业经营者和投资者要知道这些经营规律。股市波动和变化是由本质规律根本掌控的，投资人要知道这些本质规律。这个规律就是价值规律。

价格和市场是现象，价格有时对有时错，价值最终从根本上决定价格。规避风险，获得利润，靠的是认识价格背后的本质。投资的核心是透过现象（价格）看本质（价值），只有认清本质（价值）才能理解风险，才能把握机会。价值投资的核心工作就是千方百计、想尽一切办法知道作为本质的内在价值，靠知道作为本质的内在价值避免风险，把握机会，知道内在价值是价值投资过程几乎全部的工作。

4. 在非理性下跌时不该躲避而应逆势买入

假如，现在我们接受失败、承认失败并以收拾残局为主，防止更大的惨败，我们就真的失败了！这不是我作为一个价值投资者的行为原则。我为什么买入贵州茅台？我为什么在贵州茅台股价下跌的过程中卖出了其他股票，追加买贵州茅台？为什么在下跌超出了我的预期之后，进一步采取融资买入的做法？因为对于这样一个有长期成长确定性的公司，在估值不高的情况下，因为短期事件的影响而不正确的下跌，此种下跌是创造价值，是制造投资机会。基于最基础的价值投资理念，应该越跌越买而不是卖出。价值投资的基本原理让我不怀疑自己的判断，也不否定自己的判断。虽然在眼前的现象层面，我每一次的买入都被随之而来的更猛烈的下跌证明是错的，但是我不承认眼前的价格可以宣布一个买卖决策是否正确，尤其是我不认为短期价格下跌可以作为自己决策正确与否的判定标准。因为价值投资原理认为，在基本面内在价值不变的情况下，股价越跌，安全边际越高，投资价值越大，既然有基本面优势且估值很低的公司，股价下跌会导致投资价值大幅增长，那就更应该大规模的买入。当下跌发生时我做了几百万字的研究，跑遍经销商和白酒企业，所有的这些调查研究分析思考，得出的结论都是茅台的基本面没有变化，长期内在价值没有变化，变化的只是市场大众的心理和情绪，只是由市场大众心理情绪所引发的价格的下跌，在这种情况下下跌是创造投资机会，所以我们要买入，买入，再买入。当然由于价格下跌的过程中，我们不断地加仓买入，所以我们的资产萎缩地就越快，净值就越难看，但是这有什么关系！这是假象，这不是真实的损失，这是瞬间的状态，我们如果太在意这些短期的所谓的损失就是舍本逐末。如果在下跌时卖出就是在天上下金子的时候，我们不去捡拾金子而是落荒而逃，难道这不愚蠢吗？不幸的是资本市场上流行的观点是在天上下金子的时候鼓励人们纷纷夺路而逃。2013 年贵州茅台三季度以及 2014 年年报中茅台的十大投资人中机构投资者都已经无影无踪。他们在最该买入的时刻大幅卖出了贵州茅台，在价值最大的时候卖出而不是买入，美其名曰这叫止损，这叫控制风险，我认为这种行为是无原则、无信念、无能力、无责任的愚蠢的行为，虽然他们的这种行为得到了出资人的理解，甚至得到了市场的掌声，但是他们终究是错的。

5. 正确决策在一段时间看起来总是“愚蠢不堪”

正确的与大众相反的认知在最终赚钱之前，将必然的惨遭大部分人的蹂躏，这是不可避免的客观过程。当出现了大众情绪和认知引发的错误定价时，股价一定是飞流直下三千尺，真正想获利的少数人，一定要迎着飞流直下的价格，顶着枪林弹雨不顾一切地杀入，这种杀入最终将确定的给出资人带来收益。然而，我们在下跌和别人恐惧的情况下大力买入，会导致我们的净值明显快速下跌。从理性负责任的角度来说，到底是置净值大幅快速下跌于不顾，全力杀入是理性的且有利于出资人利益呢？还是在这种确定的机会面前，为了净值能稳定不采取行动，甚至退出持仓是理性的且有利于出资人利益呢？

在持有公司下跌并跌出罕见低估值时，退出持仓净值就不波动。这种做法实际上是整个资产管理业的主流做法，这是不理性的，对出资人有害的。我选择了逆势买入，因为我认为唯有这样才是理性的，才能给出资人带来利益，也只有这样才是维护出资人利益。如果为了稳定的净值使出资人不怀疑自己，那样做我认为是极不负责任的，也是不诚实的，更没有前途。我在股价大幅暴跌，在别人恐惧的情况下大力买入，必然遭到了大部分人情绪疯狂和认知错误的践踏、蹂躏，这是不可避免的一个过程，我们必须承受这个大众给我们施加的压力和挑战才能获利，这是这种投资博弈游戏的必然规定动作。**形成一个与大众相反的正确认知很难，而坚持这个认知在大众施加的疯狂压力下不动摇更难。少数人的认知与客观事实越接近，同时多数人的认知与客观事实偏差越离谱，机会越大。但同时也导致少数人的正确认知在一段时间看起来“错的很严重”，一个正确的必定会给你带来收益的决策，在某一个时间段，在它最终被证明是正确的之前，看上去就像是个愚蠢的决定，决策者看上去是个不负责任的傻瓜，这是这个游戏的特点。**今天贵州茅台身上发生的事情正是这样一件经典的事件！

我们本来持有大秦铁路，理由是10倍市盈率的时候是低估的，然而到了2013年初，出现了10倍市盈率的白酒，就将大秦换成白酒，这时大秦实际上是上涨的，白酒是下跌的。我们的这种从终极来讲符合价值投资根本原理的做法，在短期导致了净值更大下跌，但是我坚决执行了这个方案。如果不这样做就是一种错误，是对出资人利益的伤害，不这样做否极泰就没有前途，我本人也不会有前途。

在全球资产管理界，会出现基金经理在完全低估值的情况下，为了保护净值、保护自身的所谓声誉和所谓的社会评价，也为了避免不遭受出资人的压力，在该买的时候卖出。在连续下跌时，要想净值不下跌只要卖出，下跌就不会拉低净值。这就导致了在最适合买入，最应该买入的时候，资产管理界为了自身声誉和社会评价而反向卖出，在牛市末端只有大幅持股才能净值增长，才能体现出你的能力，但从估值角度讲，这个时候连续上涨已经非常危险了，但是很多资产管理者明知有危险也要买入，因为不买入你的净值就要落后，你的“能力”就被人怀疑，你的“利益”就受损失。这些管理者明知是火也要扑上去。

我们要想长期发展必须是按纯而又纯的价值投资原理运作，低估值的时候就是要不顾一切地买入，这样才能发展。一段时间被证明是错的，恰恰是获利的前提和必需，我作为否极泰的基金经理要为出资人负责，要敢于面对由非理性导致的净值下跌，敢于使自己承受阶段性的压力。承受这种压力其实是我作为基金经理最关键的能力，如果我作为否极泰基金经理不敢在能带来长期利益，不敢在会使净值下跌的时候买入，那么我既没有能力、也没有责任心，也对不起出资人的信任。

我不认为茅台价格下跌是对的，我认为我的想法是对的。我的想法所以对的，是因为我所形成的内在价值原则，竞争优势原则、安全边际原则放在茅台身上是符合的。在现阶段100多元的贵州茅台，8倍的市盈率，对应的资产是全世界利润率最高，全世界最简单的资产，现在七八倍市盈率基本已经是三折，在这种情况下，我们必须告诫自己，这是最好的投资机会，也是罕见的投资机会，茅台处于千载难逢的投资机会中。我不会接受失败，眼前看上去“极其艰险”的局面是假象，我们要以春天般的热情来面对这一切。价格下跌，我们的内在价值提升了。我们在下跌的时候占有抱紧价值，哪怕这种下跌超出了我们预想，让我们看上去就像世界上最大的傻瓜，都改变不了下跌创造价值的规律性事实。我在这里，也再次发扬我长篇大论、拖沓冗长的特点，谈谈我真实想法。我的真实想法是我们正在被千载难逢的机会包围，我没有错，错的是资本市场，我们需要买进，买进，再买进……

2014 年 1 月

董宝珍

4 年前我与出资人的书信来往，今天自己读了一遍非常感慨，那时的情况历历在目真的是终生难忘，股价猛烈的下跌，市场上所有的人都否定我，出资人也产生了怀疑和不满。但是我从理论上和行为上都坚决执行了越跌越买，最终的我在大幅下跌时，不顾净值的所谓损失坚决的买入，后来的事实证明越跌越买是正确的，最后明显的巨大回报也证明**不承认市场是正确的，不相信有效市场理论，更不敬畏市场是取得这场历史性大博弈成功的关键原因。**

信中从多方面论证了投资实践过程中有效市场理论的谬误，敬畏市场是屈服于现象和非理性的大众。绝不能敬畏市场，市场不值得敬畏，**一旦敬畏市场，就不再尊重价值了。在投资实践的动荡过程中无论遭遇任何预期之外的波动都不能敬畏市场，而是要牢牢地盯死价值，价值随着股价的下跌会变得越来越大，在下跌时最正确的做法是越跌越买，在本已低估的情况下越跌越买，是在储存未来上涨的动力和资源。**一分耕耘一分收获，投资者不在下跌时下注，不越低越买等于没有在春天耕耘播种，上涨的时候就没你什么事儿了。一个农民种田需要土地和种子，没有必要的基础资源，谁也干不成任何事情。在资本市场上下跌造就的低估值是你获利的前提条件，从这个意义上讲**下跌是一种资源。你一定要把下跌理解为资源，理解为机会，理解为市场想让你发财，理解为市场要成就你！当下跌出现时，要一个饿虎扑食猛扑过去，不顾一切地占有下跌中的股票。在下跌造**

就的低估值中大规模买入，你播下了财富增长的种子，是在存储财富。

彼得林奇在接受媒体专访时，讲过这样一个情况，他说：“我做了很多次投资操作，发现最让我获利的是那种当我买了一只股票，比如公司值20元内在价值，当下15元我买入，我买后股价没有回归20元，而是快速的下跌到了六七元，每当我遇到这种情况事后，我往往挣得更多，大幅下跌让我挣得更多。”林奇说的这种情况我有切身的体会，我从2010年开始投资茅台，到2017年我管理的否极泰基金百分之百重仓茅台，经历曲折最后获利10倍。2010年~2017年茅台的股价只上涨4倍左右，我为什么比股价的上涨幅度挣得更多？原因是下跌给我带来了一个更低价格买入的机会。我自己的经历和林奇说的完全一样，没有下跌我没有办法实现10倍的收益。因此下跌来临的时候，绝对不能落荒而逃，一定要主动买入。任何论证、论述下跌时应该卖出的说法和理论，都是诲淫诲盗，都是纯粹的外行之见。不幸的是让人们在下跌的时候躲开下跌是最流行的投资理论，甚至这种理论已经进入关于投资的教科书。

由于歪理邪说和复杂的原因投资人在市场中出现了严重的错误认知，下跌的时候，很少有人自觉的能做到越跌越买，而是错误的越跌越卖，为什么会出现这种情况？怎样避免这种情况？做不到越低越买的障碍在哪里，怎样克服这个障碍，下一章结合我自己的投资实践详细解答这个问题。

第六章

投资核心能力是
用理性控制人固有的动物性

到2016年贵州茅台日益显示的基本面事实，使人们看到了茅台没有因为反腐败、三公需求退出而失去市场，民间需求在茅台酒价格大幅下跌之后，大规模涌现，新增的民间需求推动了茅台的发展，茅台经营数据进一步好转，股价也创出历史新高，逼近300元。历经曲折，我大量的分析、预测、论断被事实证明是正确的，人们对我的怀疑、否定也渐渐消散而去。某一天上午，我的出资人打电话告诉我他追加一笔资金到我的基金中来，并且约我半天时间深入交流一下过去三年他心中形成的一系列问题，于是我们见面进行了交流。

1. 为什么投资道理全都懂就是做不到

出资人："董老师！包括我在内的投资人在不经历股市下跌时，相信下跌是创造更大的安全边际，下跌是创造价值，可是当真的遭遇到下跌，处于正在下跌的股票市场中，持有的股票正在下跌，这时我们就乱作一团，不再按照没有下跌时所坚信的'下跌是创造价值，下跌创造了更大的安全边际，应该积极买入'，而是被紧张和慌乱包围，在慌乱中惊慌失措、低位割肉。等下跌过去，市场稳定下来，又恢复了原来的认知，认为下跌是创造更大的安全边际，下跌时应该买入，此时会非常非常懊悔。为什么会出现这种情况？"

出资人的问题让我想起了《传习录》的一段对话，《传习录》是记录中国著名思想家王阳明和学生对话的书。一个叫陆澄的学生问王阳明："老师，平时没事安安静静的时候，我所有道理都明白，可是一遇到事就心里慌乱，做不好事。这是什么原因？该如何解决？"陆澄的问题很类似投资人常说的"投资道理全都懂，就是在关键时刻做不到知行合一。"王阳明的回答是："你只懂得平时人静修养，从来不在事上磨炼，你要在具体的实践中，在接触事物的过程中下克己的功夫才能做好事情，你的问题是克己功夫不够。”

我把王阳明师生对话的内容告诉出资人，并进一步说道：“投资人需要懂的道理，格雷厄姆、巴菲特、芒格、费雪都已经提出，都是公开写得一清二楚的，投资人都看过也都记得，但是真正投资做成功的没几个。这是为什么？王阳明给出的答案是经历现实，在具体做事中下克己的功夫。显然王阳明认为没有做到是因为自己造成的，是自己克己的功夫不够。王阳明还有一句名言：“去山中贼易，去心中贼难。克己就是要灭此心中之贼。”为什么要克服自己？我们要克服自己的什么？是我们自身内部的哪些因素使我们做不到，需要我们克服它？心中贼是如何产生的？我们怎么样克服它？这一个系列问题是一个关乎实践的重要问题。王阳明没有进一步解释这些问题。儒家思想还有一句最重要的话叫：“克己复礼”，“克己复礼”进一步明确了克己的目的是复礼，这里的复礼就是回归理性。克己复礼指出不克己就不能做到理性，但也没有进一步解释为什么非克己才能回归理性。”

出资人：“您觉得这些问题的答案是什么？”

董宝珍：“投资能力并不可以从书本上获得，投资是一种实践科学，像你不可能在岸上学会游泳，我自己多年的投资求索过程中深切地体会到，很多重要的投资能力非得你亲自经历了，然后反复对自身的经历进行思考，才能够真正理解投资最重要的那些能力。**这次茅台大博弈过程中，我极为曲折的真实经历使我意识到真正的投资能力是用自己的理性克服我们的动物性，人所固有的动物性是使我们不能够理性地处理问题的原因，尤其是我们固有的动物性是我们在已经知晓投资原理，但在特定的危急情况下，做不到知行合一的根本原因。**人是一个动物，动物有一种本能，当其面临未知、不确定的环境和危险时，体内快速产生紧张、焦虑激素，在激素的控制下人会本能的放弃思考，快速逃离险境！当投资人处于明显的快速、大幅度剧烈下跌时，这个场景相当于人陷入未知的不确定的环境和危险中，这时人身体内由基因控制下自动的释放出紧张、焦虑激素，这些激素控制人的行为，让人本能的逃离，激素使人的大脑没有机会进行思考和分析。此时投资人的处境和几百万年前原始人眼前出现一只老虎一样，老虎的出现原始人有两种应对策略，一类人在老虎出现在眼前时，既不怕也不紧张，不焦虑，镇定自若，不逃离；另一类人看到老虎后，甚至老虎没有出现，只听到老虎的声音，就产生紧张、焦虑，落荒而逃。后一种人在自然选择作用下活下来了，留下了后代。”

出资人：“您的话让我想起了自己在遭遇茅台大跌时的感受，当时完全被紧张和焦虑包围，大脑中那些平时滚瓜烂熟的投资原则不知跑到哪里去了！在茅台跌倒100元时，您发信件建议出资人追加投资，我当时就是因为恐惧和紧张焦虑对您的建议不敢相信，事实上您的建议是最基础的投资原理，本身并不是什么深奥的道理，现在看来很好理解，但当时却不信！”

董宝珍：“你的这种情况是普遍现象，每当遭遇下跌局面，投资人会无比紧张，无比焦虑，且在紧张、焦虑的作用下惊慌失措，忘记了平日倒背如流的投资原理，做出与自己平时非常明白的那个投资原理截然相反的操作和行为，这一切都是动物本能造成的，是人在漫长的进化过程中进化出的一种本能。当遭遇股价下跌时，下跌使人感到某种未知带来的恐惧和危险，恐惧和危险的感觉自动诱发基因，分泌出令人紧张、焦虑的激素，紧张、焦虑驱动人逃离，不逃离就始终没有办法平静下来，处于非常痛苦非常难受状态。这个激素非常强大，它瞬间剥夺大脑对行为的控制权，使人的理性思考被剥夺。在危机时刻我们的行动是受本能控制而不是受大脑控制。比如正在街边行走，突然发生一声巨响，人会不加思考立即弯腰抱头。这个动作不是由大脑的理性思考所驱动的，因为思考过程是浪费时间的，若真的来一个爆炸物的话，人就牺牲掉了。**动物在危急情况下的行为都不是大脑发出的指令控制的，都是没有经过思考的本能自主行动，此时大脑想参与都不可能，大脑被激素剥夺了对身体和行为的控制权。这就是投资人遇到下跌会忘记投资原理，非理性卖出的原因。激素驱动下的动物本能自动取代大脑控制，但驱动人的行为是有条件的，这个条件就是未知的、陌生的、危险的境遇或环境。只要在这个条件出现时本能才快速接管对人行为的控制权，本能在平时是不露面的，平时天下无事，一切都是人熟悉了解的情况和环境，没有危险和不确定，这种情况下，人的体内不会**

分泌紧张、焦虑激素。在已知的、熟悉的、确定的安全境遇或环境下，人的行为都是由大脑的理性思考决定，此时本能没有条件和机会出来获得人行为的控制权，所以在平静的状态下，没有危险和不确定时，投资人就会非常清楚投资原理、投资之道。但是当投资人面临连续跌停时，处于不确定的包围之中，这时大脑里面的那些知识还在，越跌越安全，低位买入就能获利，下跌是创造安全边际这些认知还存储在你的大脑中，但人身体内产生紧张、焦虑激素，激素控制了人的行为，大脑对行为的控制权被激素剥夺，身体内部的决策中枢变了，原来平静状态下是靠大脑的理性思考做决策，现在危机来临时大脑根本没有机会获得控制权，控制权被激素抢走。相当于轮船没风没浪时船长在操作，一旦突然有风浪，轮船自动切换到自动驾驶，船长根本没有机会控制舵轮了。这就是一个投资人为什么在下跌来临时，产生那种完全不按照正常逻辑、投资原理的行为，这就是为什么道理全都懂就是做不到的原因！”

出资人：“我明白了！投资能力就是要具有一种在危机、下跌面前始终保持镇定，始终让大脑控制你的行动，让大脑来支配自己行为的能力。”

董宝珍：“对！你说得对，**最重要的投资能力是用你的理性控制你的动物性。因为我们是动物，所以投资能力或者说核心投资能力，是自控能力，是对自己固有的动物性的自我控制能力，是在环境突然变化、不确定突然出现的时候，始终用自己的理性控制住自己激素的能力。**投资为什么成功率如此之低？多少人在这个行当里头弄潮，最后都失败了，难在哪？难在认识企业价值吗？难在预测企业未来吗？这些课题当然也不是很容易，但不是最难，最难的是用你的理智控制激素。大家都知道吸毒的人是极难戒毒的，这个戒毒的本质就是用理性控制激素，毒品和激素的性质一样！投资的成功等效于让一个瘾君子戒掉毒品，古今中外的数据，瘾君子戒毒成功率非常之低，这就是为什么投资成功率非常低的原因，因为用你的理性控制你的动物性，控制你基因分泌出来的那种激素太难了。《传习录》中王阳明的学生跟王阳明的这段对话，王阳明说你要在事上磨炼，而且在事情发生的时候要下克己的功夫，克己克的是什么呢？克己是用理性的逻辑克服体内的激素，克己是用人的理性克服人固有的动物性。当人处于未知的、陌生的、不确定的环境中，此时在人身体内部发生一个纯物质的生物化学反应，这个生物化学反应产生的激素完全掌控了人行为的控制权，大脑被剥夺了对人行为的控制权，退居二线坐了冷板凳，自动发生的生物化学反应，按照固定模式驱动着人的行为。此种情况下一般人没有办法用大脑理性来控制自己的行为，所以就会出现非理性的越跌越卖的情况。人的这种本能是在进化中形成的，进化过程形成的每一个进化本能都有力地保护了人类，促进了人类的生存，如果在几百万年前遇到未知的陌生环境，遇到不确定的情况，人不能以极快的速度不假思索、不顾一切地快速逃离，人就有可能丢了性命。然而时过境迁，今天在资本市场，人所面临的课题发生了质的变化。资本市场有一句著名的话：'你一定要立足于永恒来看待现在，思考未来。'眼前的局面、遭遇对投资并不重要，投资是关乎未来的，是预测未来，用恒常不变的常识和永恒不变的规律思考未来看待眼前，把握眼前的状况是为把握长期利益服务的。如果眼前状况急速下跌，投资人可以低买，如果眼前的状况急速上涨，投资人可以高位套利，如何处理眼前遭遇和状况是要立足于长期，立足于基本规律来看待眼前，不能够把眼前当成指挥棒，完全本能的随眼前变化行动，本能是完全不考虑长期的，本能完全受眼前牵动，受眼前支配和指挥，随眼前的状况所起舞。立足于本质的价值，立足于长期的未来，立足于永不改变的规律，来审问看待眼前的现象，如果眼前的现象有利于我们的长期利益，那我就买入。比如说越跌越买，眼前是我的钱越来越少了，但是从长期视角看，从永恒的规律来看，眼前的下跌是在成就我们，给我们提供了未来成功的机会，下跌一定会转化成上涨，反之亦然，这是自然法则和价值规律所决定的。用永恒的视角来看待眼前的现实，用长期的未来看待眼前的现实，用普遍的规律看待眼前的现实，不能眼前发生什么我就随眼前变化本能行动，自己成了眼前现象的奴仆。"

出资人："你说的这些道理使我茅塞顿开，一方面我自己有亲身经历，对你所说的这些心理过程有最深切的体验，另一方面你对这些心理过程的解释分析是非常合理的。我在其他领域并没有发现注意到，你的这些观点，如果有被更多的人所看到，对大家都是有好处的，我建议你把它发表出去。”

董宝珍：“2008 年 11 月，金融危机全球蔓延的时刻，我出版了《熊市 价值投资的春天（第一部）》，现在快 10 年了，我准备写《熊市 价值投资的春天（第二部）》，因为过去几年我对投资有了新的认识，随着投资经历的积累，我现在不特别认同投资的主要工作和难题是研究企业，实践使我认识到投资最难的是跟自己的激素做斗争，是和自己固有的动物性做斗争。过去这 5 年罕见的茅台博弈，所有的人都卖出，所有的媒体都说茅台不行了，在这个过程中，实际上判断茅台行不行有什么难度呢？2013 年，当时我骑着自行车在农村里走访，农村的村口都有人乘凉，我跟他们聊，他们都说我们这一辈子亏掉了，没喝过茅台酒，茅台酒只是人家有钱有势的喝。中国所有的人都向往茅台酒，当时能得出茅台不会有实质经营危机的结论很容易，没有什么难度，可是为什么最后大部分人都落荒而逃？就是克服不了动物性，全国媒体都说茅台不行了，全国投资界都在卖出，股价天天在下跌。在这种情况，体内立即分泌出激素，让你感到焦虑必须逃离。**不确定情况下抑制这种由激素产生的焦虑、紧张、不安，才是投资最核心的能力，具有这个能力很难。投资人在投资实践中所犯的最主要的错误，以及最难跨越的成功障碍，最后都归结到人性层面。**比如大部分投资人在下跌过程中越跌越焦虑，越跌越恐惧，最后在地板价上由于控制不了自己的动物性所引发的焦虑情绪，卖出了宝贵的股票。比如在持续的上涨过程中，明显已经高估值聚集了巨大风险时，人动物性中固有的那种贪婪心驱动投资人在该卖出的时候高位追买，最后被套在高高的山顶之上。比如投资人投资的股票处于不如指数，不如其他人投资的，陷入严重的焦虑，抛弃让自己处于落后中的股票，而去追买自己并不熟悉，甚至已经涨出泡沫来的其它股票。这些重大的投资失误，以及众多使投资者不成功的问题，归根结底都是人性问题，都是人性缺陷造成的，都是由于人没有控制住自己的动物性造成的。比如急于求成、没有耐心、过度贪婪都是人性的缺陷。在投资实践中，所有的智力问题和知识问题所导致的错误和缺陷，相对来说是好解决的。比如研究的不深切，你可以通过缩小能力圈，通过长期钻研，实现对标的物的了解。比如大型投资机构的财力很丰富，可以聘请很多专家，甚至把行业中的专业人士都囊括进来，可以用财力来解决知识不够、智力不够、研究能力跟不上的问题。但是他没有办法用财力实现对人性的跨越，对人性的跨越主要是依靠核心决策者的文化、文明程度、道德程度以及对动物性的控制能力提升，核心决策者要有真正的文化修养、道德境界，能够压制动物性，不犯错误。一切投资失败的深层原因是人性缺陷，而避免这些失败的根本办法就是提升对动物性的克服和管控能力，克服与管控关键是靠提升文化、道德修养。从这个意义上讲，**量化交易包括正在兴起的纯电脑无人交易，根本不能够解决投资问题。投资它是一个关乎文明，关乎道德，关乎文化的一种高级精神活动。这种活动由计算机来解决脱离了投资活动的本质。虽然计算机可以没有情绪，避免了一些初级情绪化的人性缺陷，但问题是无论是计算机还是软件，也都是由有情绪的人设计出来的，也只有那个设计软件的人完全不贪婪，不恐惧，有耐心，实现了人性的进化，文明程度的提升，他设计出的软件才能够滴水不漏取得成功。所以这个问题仍旧是一个根本的人性管理问题，投资是人性博弈，投资的核心能力是用理性控制动物性的能力。计算机在粗浅的范围内能克服一些常识性、常规性人性缺陷，但是根本不能够代替最关键的人性管理。**”

出资人：“董老师，您的观点与目前中国投资界所流行的基本观点截然不同，目前中国投资界所流行的观点是，投资就是投资者的命运完全决定于企业，所以投资者成败决定于企业研究能力。而您则把研究企业的重要性降到第二位，认为决定投资成败的关键能力是用理性管理自己的动物性或者说保持理性的能力，对这一点因为我是头一次听说，我觉得很新鲜但也不敢贸然接受，毕竟巴菲特也是比较强调重视企业的，您能再详细谈一谈这个观点吗？”

董宝珍：“投资人所投资股票的背后是上市公司，所以在任何时候都不可以轻视上市公司，对上市公司的研究和了解是必需的基础能力，虽然是必需的基础能力但并不是关键的能力，因为在现实中大量出现很多非常了解企业基本面的人，最后没有坚守基本的投资原则走向。

我根据对投资界的朋友进行观察发现，不少于20%的投资人是非常了解其所投资公司的，对自己所投公司的竞争优势，经营状况以及未来发展都有非常深刻的了解和研究，但是最终取得投资成功的人连5%都达不到。很显然了解企业只是一个必要条件不是充分条件，而且了解企业不是最重要的投资能力，有人不是很了解企业也能成功，比如证券营业部门口看自行车的老太太。巴菲特把他这一生的成功归结为一句话，‘别人恐惧我贪婪，别人贪婪我恐惧’，这句话可看出巴菲特认为重要的投资能力是自我情绪管理和人性管理，一个人在市场上所有人都恐惧的时候，主动买入指数基金一定会赚钱，这个时候他根本是不了解企业状况的。我可以举一个更加强有力的证据，那就是巴菲特在给伯克希尔公司选择接班人时开出了四个条件，这四个条件分别是，第一、要对风险有极端的敏感性，第二、对人性有深刻的了解，第三、情绪非常稳定，第四，对资本市场上机构投资人的行为特征有深入的了解。我们看到这四个条件中并没有包含非常了解企业，这种不包含并不意味着巴菲特认为了解企业不重要，而是巴菲特认为了解公司是不需要单独列出来的最起码的条件，就像一个足球运动员必然应该有奔跑能力，招收足球运动员不需要专门注明，应召者不可以是瘸子。好的足球运动员是在拥有奔跑能力基础上还要有精湛的足球技术和足球意识，后者是好的足球运动员的关键指标。为伯克希尔找接班人是巴菲特人生中最后一件大事，他一定是高度重视，绝不会等闲视之，他所开出的条件一定是深思熟虑的，所列条件一定是投资成功最重要的条件。巴菲特选接班人所列四个条件都跟人性、跟情绪有关。我特别注意到巴菲特强调一个接班人必须理解市场上的那些机构投资者的行为特征，这个条件揭示出巴菲特认为价值投资也是一种博弈，因此要了解你的博弈对手，主流机构的行为制造了市场的波动，市场波动作用到你的眼前会诱发你的人性发作，所以你要控制自己体内本能的人性发作，还要知道诱发你人性波动的那个刺激性因素是怎么样发生的，市场波动是主流机构的行为所导致的，所以你要了解主流机构的行为特征，比如，2013年我在茅台的财务报表中看到了2013年4季度茅台跌到100元大规模底部割肉的竟然是中国的机构投资者，那个时候我不是太了解机构投资行为，我觉得他们有高学历，他们不可能做出非理性的行动，现在我明白了，中国的机构投资者因为种种原因必然是追涨杀跌的，越涨越买，越跌越卖。

巴菲特给伯克希尔接班人开出的条件中，已经非常强有力的证明，在巴菲特看来投资是一种人性博弈。**在人性博弈过程中保持情绪稳定，要用自己的理性控制动物性是最重要的投资能力，只有控制动物性才能情绪稳定，才能理性的行动。**”

出资人：“董老师！因为我头一次听到你这样的，认为投资的核心能力是人性管理能力，投资的本质是一种人性博弈的定义，也许是中国资本市场上投资就是投企业，最重要的投资能力是企业研究能力太流行了，我还是不敢轻易接受。如果您的观点是对的一定能得到大量的证据，而且也能够解释很多市场中存在的现象，您能提供一个证明您观点正确的事实和证据吗？”

2. 资本市场奖励的是德性和修养

董宝珍：“你是一个非常理性、非常善于独立思考的人，你不轻易接受一个没有充分证据的观点，这是一个优点，真正能赚钱的投资人需要有一种不轻信能力，凡是别人说什么就信什么的人，不可能做好投资。确如你所说，如果我的观点是正确的，一定会得到广泛的证据支持，也一定能用我的观点解释很多市场现象。现在就来解释一个市场现象，你有没有发现，在中外的资本市场上高学历、极端聪明的高智商的人，不必然的在资本市场上更容易成功？”

出资人：“确实如此，最典型的代表人物是牛顿，在当时没有人的智商比牛顿高，没有人的知识比牛顿丰富，但是牛顿在资本市场上赔得是非常惨的，类似的现象特别多。”

董宝珍：“普遍的事实是中外的资本市场上，高知识、高智商的人都不必然在资本市场上有优势，清华、北大的学生比普通人聪明、知识水平高，但是他们在资本市场不特别显示出超越大众的成功优势，甚至企业家在资本市场上做投资，也不比普通大众的成功率高，原因是什么呢？也就是说资本市场上并不奖励聪明，不奖励学历，不奖励智商。这是因为投资的核心能力不是认知能力，投资不是纯粹的研究认识企业，研究企业是基础的必要工作，但它不是最重要的工作，如果投资成败决定于对企业研究和认知，是一个认知能力，那么就会在现象层面出现，会计师，高学历的大学教授，高智商的人更容易成功。因为认识工作是依赖于智力、依赖于智商、依赖于知识、依赖于学历的，现在资本市场上出现的客观事实是，高知识、高智力的人没有明显的成功优势，因此证明投资不是一个纯粹认知问题，不是一个知识和智力的比赛。投资是人性博弈，是一个如何用你的理性控制你固有动物性的博弈。真正的投资能力不是认知研究企业，研究企业是基础，关键的能力是克服自己身体内部的激素导致的动物本能，我多年思考后认为投资奖励的是文化和德性，不是奖励聪明和知识。**人类的文化、人类的道德本质上是什么呢？文化和道德都是不按动物性行动的原则，有文化和有道德是自觉的不按动物本能行动的能力，文明、文化、道德是人类不按动物性行动。**比如动物界是弱肉强食的，那么在文明社会里的文明人、有道德的人是同情弱者，优待弱者，不欺负弱者，这是理性的文明人能做到的，在动物界是绝对不存在同情弱者，优待弱者，不欺负弱者，动物界是让弱者死，留下强者。**所以所有的文明、文化、道德都是反动物性、反人性的。而投资最重要、最关键的课题是反人性，这个反人性的过程，它实际上是一个文明、文化、道德过程。所以我认为作为一个投资人，首先必须把自己升华为有德的、有真正文化修养的人，凭借这些德和文化修养来控制自己的动物性。从这个意义上讲，好的投资人都是真正的文化人！**很多拥有知识的高学历的人，没有在资本市场上取得成功，根本的原因是没有化知识为文化，知识只是一种智力范畴的东西，甚至是经验范畴的东西，真正的核心投资能力是用理性控制人的动物性，能够遏制住自己身体内部生物化学反应的能力，拥有这个能力本质上是让自己从一个包含动物性的人，变成以文明和道德行为为原则的文化人。成为文化人、文明人是很不容易的！好的投资人其实最终都必须走向文化和道德，提升自己变成文化人，变成有道德的人。我们看巴菲特、芒格，你认真的考察他们非常像中国人说的那种圣人，完全做到了‘富贵不能淫，贫贱不能移，威武不能屈’，一个大丈夫的形象跃然之上，而且二人还很谦虚，很客气，从来不张狂，虽然是全世界最伟大、最杰出的投资家，但是永远是谦虚的、礼貌的、客气的。在2018年5月，通过我和李录先生的沟通，最终李录先生促成了中国媒体《证券市场红周刊》专访芒格和李录，红周刊主编谢长艳女士在专访完成后跟我讲，她在专访芒格时感觉到芒格非常亲切，非常的随和、友善。”

出资人：“我完全明白了！中国资本市场上流行的说法没有深入本质，您的观点虽然很少有人说过，但经过您的解释我认为是最正确的。在投资最重大的课题是用你的理性控制人固有的动物性。投资的主要战场是在人身体内部。投资是一个自我管控，自我克服，自我超越，脱离自己动物性的过程。这是我今天最大的收获，今天的交流将会对我的未来投资产生深远的影响。”

董宝珍：“**在经历了过去5年惨烈的茅台博弈，我的价值观发生了改变，我的价值观得到了升华。投资实践其实是一个精神过程，财富是这个物质结果，只是高尚的精神活动的副产品，只是超越动物性的，有道德修养，有文化修养的精神活动的副产品，而高尚的精神活动应该是服务社会，服务他人，不追求个人私利，不穷奢极欲。**”

3. 深度认知是克服动物性的首要方法

出资人：“董老师！您的这一席话让我彻底明白了，人为什么会在突发的下跌时忘记常识，忘记平日里滚瓜烂熟的基本投资原理，甚至我也明白了为什么在猛烈的上涨时，我们会完全无视已经显然的风险而疯狂的追买进去。所有的这一切都是我们的固有动物性被外界环境刺激下控制我们的行为，所以核心的投资课题、投资能力就是始终如一的，在任何情况下都能够用自己的理性控制住自己固有的动物性。于是一个问题就又迫在眉睫，那么我们怎么能做到任何情况下都能用我们自己的理性控制了自己的动物性呢，董老师您对这个有思考吗？”

董宝珍：“这是一个重要的问题，我对其的思考已经很久很久了，经过我对自己投资经历的思考和总结，**我认为克服动物性，让理性始终控制自己的行为，大略要按照下面的原则来做到。**

第一、深度认知；

第二、绝对自信，相信原则。”

出资人：“如何理解这两点？”

董宝珍：“首先谈这个深度认知。为啥人会陷入了动物性发作，与他进入了一个未知的、陌生的环境有非常大的关系。人的恐惧情绪本质上是对未知风险的一种保护。你为什么会感到恐惧呢？是因为你不知道自己处于什么状况，不知道最终会遭遇什么结果。比如说进入一个森林，突然看到老虎的脚印，这个时候就是一种不知道有没有老虎的状态，在人性驱使下人就会恐惧就要逃离，但实际上也有可能没有老虎。人的非理性动物本能反应与未知关系密切。人是因为不知道这个股票最后能跌到多少，是因为不知道这个股票从长期来说是更好还是更坏，所以在未知的压迫下陷入本能的极端恐惧，最后在恐惧驱动下非理性行动。未知触发引起动物本能发作、未知造成的恐惧会让人的行为动物化。人不会对已经知道的事情非常害怕，人是因为不知道才感到恐惧，从而克服由未知引发的非理性动物恐惧就可以用变未知为已知的方法来克服。”

出资人：“您这么一说我一下子明白了为啥巴菲特一生都在看年报，都在研究所投资的公司。巴菲特一生投了几十只股票，重仓的股票就是那么十几只，所投资的公司比我们国内的散户都少。按理说巴菲特应该是优哉游哉，每天很是闲暇的，但事实上巴菲特每天都很忙，都是在看年报，看资料分析公司。之所以这样做巴菲特是要做到无所不知，无所不晓，知道企业的现状，知道企业的长期未来。”

董宝珍：“完全是这样！巴菲特要做到无所不知，知道现在企业的状况，知道企业的未来，巴菲特通过调查研究，分析思考准确地把握了企业的未来，巴菲特每天紧张的工作就是通过收集资料，分析资料准确地把握企业的现状和未来，一切都心知肚明就非常坦然。那些下跌时疯狂夺路而逃的人是因为不知道这个公司值多少钱，不知道市场上到处传播的各种坏消息是不是真的，也不知道从长期来说企业会走向何处，不知道企业的竞争优势在哪里，更不知道竞争优势是强化了还是弱化了，在这一系列的未知之下，人肯定是控制不住本能的恐惧，在未知面前巴菲特也会恐惧，巴菲特也无法抑制身体内部的生理化学反应。当通过艰苦的调查研究独立思考关于企业的现状和未来做到全部知道，人体内就不会发生生理化学反应，人性控制下的本能机制就不启动。”

出资人：“就是说谁也不能在一无所知的情况下保持镇定和理性，未知必然导致本能的恐惧！”

董宝珍：“对！**只有不知道、不清楚是本能的恐惧产生的条件，恐惧激素在体内产生，使一系列生理化学反应发作是因为未知，所以不让其发作的办法是变未知为已知，消除恐惧产生的条件，把所投资公司的所有问题都搞清楚。什么事情都清清楚楚的不存在未知，就不会发生那种使人恐惧焦虑和生理化学反应。**股市见底、股市见顶有很多标志事件，其中一个标志是上市公司和上市公司高管大量回购增持，中国股市历次出现大规模回购时，都是很快就见底了。为什么上市公司以及上市公司高管会在不断下跌时回购？因为他们工作在企业中，他们知道企业的真实状态，因为知道真相他就不慌乱，能在下跌的时候不仅不卖出，而且还要买入，反过来，很多大股东大规模减持的时候往往是市场见顶。逆向买入和公司回购增持很大程度上是知道企业的真相。化未知为已知是消除非理性恐慌的首要方法。我这里所说的知道包括两方面内容，一方面要知道企业的现在，对现状要无所不知，产、供、销、人、财、物无所不知。另一方面，还要有足够的思维深度能看得清楚企业的未来，投资是预测企业未来，未来是靠深刻的本质规律来判断和把握的。**无所不知往往体现在对现状的无所不知，这个是必须和必要的。但是有的时候知道现状还不太能够准确预测未来。预测未来需要靠深入本质的深刻思考，思维深度创造价值，思维深度才能看得远，思维深度才能在动荡的市场中站得稳！**”

出资人：“董老师我现在明白了为什么巴菲特提出了能力圈的概念，因为你只有在一个小范围内才有认知深度，才能像巴菲特说的，成为对这个行业认知排名前一百名的人，从而靠深知和先知把握机会避免风险。”

董宝珍：“完全是这样！能力圈越小，你的精力时间投放得越集中，从而越容易形成超越大众的深度认知。认知深度越深对企业未来看得越远，判断的准确性越高，另一方面认知深度越深越有利于投资人，在动荡的复杂的市场波动面前站稳脚跟，不发生本能性非理性恐慌。对此我结合自己在茅台投资过程中的一个案例揭示认知深度创造价值的原理。在2013年，关于茅台的坏消息根据我的助手统计，每周有3000篇文章指出茅台每况愈下，宣布茅台前途暗淡。下表是2013年百度搜索上一系列关于茅台负面关键词的搜索结果：

2013年百度“茅台”关键词搜索统计表

关键词	百度相关结果
茅台腐败	151万
茅台衰退	75万
茅台负增长	52.5万
茅台滞销	33万

当时包括我在内的所有投资者都被茅台负面消息所包围。我当时有一项工作是每天去求证这些负面消息的真假，可以说几乎所有的负面消息我都求证了一遍，证明其是假的。每一条负面消息摆在我眼前时，我内心都被激发出了某种不稳定情绪，因为媒体所报道的那个消息到底是真的假的，我首次接触还并不知道，从而不可避免被激发起动物本能性焦虑，此时我马上就先求证，随着求证工作的落实，最终证明那些消息是假的，我的心情也不再受其影响，这样的工作几乎在一年多的时间内成为我的主要工作，在求证所有的这些假消息过程中，绝大部分并不难证明是假的，只需要做必要的分析推敲和调查就可以，有的那些假消息根本就不合理，你只要用常识逻辑推一下就可以证明它是不正确的，而另一些就有一些难度。在2014年初某媒体曝出一条新闻，说茅台酒的零售价应该只有一百元左右，因为现存的经济学理论证明，没有任何商品可以长期获得比社会平均回报率更高的回报。对这条消息学过马克思主义经济学，学过亚当·斯密经济学的人都知道，任何一个企业或者一个行业，如果它能获得比其它行业更高回报率的利润，那么其它行业的资金就会涌入，就加大了

生产规模，生产规模加大供给就提升，价格就下来了。所以没有任何一个企业、一个行业能够长期获得超社会平均的回报率。而茅台酒，包括中国白酒，出现了长期利润率高于社会平均利润率情况，茅台成本只有四五十元，零售价上千元，这个利润率太高了，茅台现在的毛利率 90% 多，净利润 50% 多，而中国社会平均回报率的毛利率只有 20%，净利率只有 4% 左右。于是这个报纸认为茅台酒违反了现存的经济学理论，所以茅台酒价格最终要回到一百元左右，它的利润率会跟社会平均利润率一致。当时看到这个新闻，我认为它是不对的，因为这种白酒高利润的现象存在了几十年、上百年，而且在全球范围都是这样的，包括路易十四，人头马，英国、法国的一些名酒都是有超高利润率的。于是我既不相信这个说法，也没有理论能推翻，但是我还必须面对这个观点，找不到有理有据的证据证明这个观点不正确，就不能心平气和的面对市场的波动，这个观点在理论上是非常完美的，用亚当·斯密、马克思的经济学理论真的就能推出这个结果。在这种情况下我面临一个自己无法证明其不正确的观点，万一这个人说的是对的，那么茅台酒就价格从一千元跌到一百元，这么大规模的酒价跌幅，那企业一定会遭遇严重困难的险境。所以这个时候我就面临不确定，也感觉到了某种由不确定带来的不安宁、不平静。虽然我认为从经验和历史上这个话是不能成立，但是又拿不出足够的理论来，从而心里不踏实，这个不踏实一旦产生了就很危险，有可能做傻事。面对问题和由问题引发出来的某种程度的不安，我开始大规模在互联网上的中文资料中搜索有没有能解释茅台酒长期超越社会平均回报率的理论。我几乎要把中文搜索引擎搜烂，最后还是一无所获。于是我找到了在海外的朋友，把问题告诉他，让他帮助在英文资料中搜索。不久朋友反馈来的消息是，在英文资料库里也没有相应的理论解释与亚当·斯密经济学相反的利润率长期超越社会平均回报率的案例。海外的朋友还告诉我一个消息，实际上像茅台这种现象在古董、在奢侈品上也存在。茅台现象并不是独特的现象，很多商品的特点都是跟茅台一样的。比如同样是一个碗，如果这个碗是宋朝的，那就价值连城，但在物理使用价值上，宋朝的碗和当今的碗的使用价值完全一样，可是这个宋朝碗价格飙升的价值生成机制是亚当·斯密理论所没有办法解释的。而且我们做投资的都知道，巴菲特有一个最著名的投资标的喜诗糖果，其利润率状况跟茅台完全一样。这么多案例出现，说明茅台不是特例。我一开始是想归之于特例层面。但太多的同样性质的案例，包括生日蛋糕、中秋月饼、婚纱摄影也是这样的。于是，我开始怀疑有可能问题发生在亚当·斯密经济学。因为现实中出现了数量众多的亚当·斯密经济学解释不了的情况，而且这些亚当·斯密解释不了的情况有的已经存在几百年、上千年，像古董问题，奢侈品问题，都诞生上千年了，如此广泛，如此长期存在的亚当·斯密经济学解决不了的现象，那一定是亚当·斯密经济学本身的适用范围有问题。如果它不是完全错误的话，它一定是适用范围有问题，我就开始产生了怀疑。这时，虽然我还解释不了问题的原因，但是调查研究后发现，大量同类事实存在我的心也就趋于平静，但还不能完全平静。这个时候我开始研究，在某一个晚上我突然顿悟了，上天把打开未知大门的钥匙交给了我。在那一天晚上突然发现，所有亚当·斯密解释不了的这些经济现象有一个共性，这个共性就是他们都是满足人的精神需要。喜诗糖果是礼品，茅台酒是情感商品，古董、奢侈品都不是实用性商品，这些都是精神商品或者叫文化商品。这些亚当·斯密经济学解释不了的经济现象全部具有这一共同属性。我当时立即产生一种历史感。我的天哪！我发现了一个人类经济学历史上的重要的问题。人类在几百年前就知道，人的需求可分为精神和物质，但是到今天人类一直错误地认为精神商品和物质性商品的价格形成机制，包括它的供需原理，它的竞争逻辑等经济原理是一致的，所以才出现了茅台不符合亚当·斯密经济学的成本定价原理，所以才有茅台酒价格要跌到一百多元的观点。”

我端起水杯喝了口水，稍作休息后，接着说：“真正问题出在理论的缺失，**人类的精神需要、精神消费、精神商品的经济规律是亚当·斯密经济学解释不了的，亚当·斯密经济学所能解释的所有产业都具有共性，那就是物质性需求、生存性需求。亚当·斯密经济学只是一个传统物质性需求的经济理论，它不能解释人类的精神性需求。**人类的精神性需求需要一个全新的理论。至少到现在，我没有发现有人意识到这一点，而我在投资茅台过程中，为解决自己一个投资的困惑，最终率先发现了人类精神需求的经济规律是不同于物质性需求的，而这个精神性需求的经济规律还没有被人类建立起来。当时我有一种历史使命感，我完成了这个发现，这个问题是我首次发现的。**人类精神性消费的经济理论与传统生存性、物质性消费经济理论不同，且亚当·斯密理论只是对传统物质性经济理论、物质性生产有效，不适合于精神性需要。这个发现是我，一个叫董宝珍的中国人发现的，当这一发现之后，我深入寻找其背后的经济学原理。艰苦的理论求索后，我写了长达十几万字的《精神经济学》，在《精神经济学》中我发现，精神商品的消费者并不特别计较价格。**一个正在恋爱中的小伙子，本来收入不高，但是他愿意花大价钱请女朋友去高档饭馆吃饭，这个时候去高档饭馆吃饭不是为了解决饥饿，不是生存性消费，是精神情感性消费，所以他的消费行为规律是不一样的，不像日常那种省吃俭用吃饭。面包和生日蛋糕的成本差不多，但是生日蛋糕几千倍于面包的价格。我发现了这个原理，就不再相信报纸上所说的那个错误的观点，我的内心无限的安宁，我知道错误的是报纸，报纸之所以错，是因为理论的单薄。这样的思维深度使我能够战胜铺天盖地的负面报道。这就是我要说的深度创造价值，没有深入思考到这个深度，你哪能发现价值，发现了你也拿不住。注意在这个问题上，我为了解决一个报纸的观点，最后推翻了亚当·斯密经济学理论这样一个几百年来人类经济学基础理论的有效范围。这个深度是我最终获得十倍以上收入的一个终极保证。思维深度创造价值，认知深度创造价值。

当我把《精神经济学》一篇一篇的文章发表到凌通价值投资网，再发表到我微博上的时候，我没有想到遭到了太多的谩骂以及侮辱。我注意到有一个大学教授，而且他自己取得了博士学位，还在海外某个西方著名大学做过访问学者，他看完以后给我的评论是，董宝珍你要撒一泡尿，照一照你那嘴脸，你也配搞经济学理论，底下的应和者纷纷用极其肮脏的语言辱骂我。我就很奇怪了！我自己在互联网、微博上经常发文章，我没有发表过任何关于私人的事情，我都是研究理论，思考社会问题，我总觉得我还是有点社会责任的，要为社会写点文章，分析一下社会问题，贡献一点思想，为啥我就不配搞理论研究呢？为什么呢？我不太明白。但随着我的文章的发表，另一种变化也发生了。2015 年 11 月，我被邀请到北京大学光华管理学院讲解，我在那里一共发表两个小时讲解，其中有一个小时是关于《精神经济学》，我把《精神经济学》带到了北京大学光华管理学院。在 2016 年的时候我在深圳发表一个演讲，其中有一位来自西南某省的中年听众在我演讲结束后，跟我单独进行了交流，他说他搞经济学理论研究整整 30 年，他现在国家的税务系统做理论研究，在研究中遇到一个课题，几十年没想明白，当看到《精神经济学》的时候，彻底明白了，《精神经济学》是一个完全有生命的、全新的、独立的蓝海的经济理论空间。2017 年我突然接到一个电话，是一个国内出版社，他们主要是出版经济理论的，告诉我《精神经济学》愿不愿意由他们出版社来出版，我说你们为什么认为我的书值得出版？他说我们就是搞经济理论的，我们的编辑知道你的理论的价值，最终我为有这样的知音而高兴，我第一时间把出版权交给了这个出版社，大概在 2019 年春天出版。”

出资人：“我在凌通价值网和您的微博上看过《精神经济学》，我是很认同的。一个人通过深入思考在理论上取得了突破，然后用理论分析问题就会高屋建瓴，一眼看穿！这就是深度创造价值，没有这样的深度，哪能获得价值呢？您用认知深度创造了非凡价值！”

董宝珍：“**深度认知总是超越感官的，那些感官可以感知到的认知没有深刻性，而且人人都可以感觉到，从而不能够让你看得更远，站得更稳。所以必须深入地看问题，深入看问题就是立足于理论层面，在理论层面把握。**我提出了《精神经济学》后，2016 年初曾经准确的运用这套理论预判了东阿阿胶的经营策略失误，我曾经把这个预判写进了两篇文章《东阿阿胶提价权的基础扎实吗？》《再谈东阿阿胶没有实质提价权》发表在互联网上，这两篇文章立即引发了东阿阿胶投资人的批评，他们认为我不懂行在胡说八道，事实上我确实不了解东阿阿胶的具体经营，但是我根据我的精神经济学，认识到可以长期提价并靠提价权超越社会平均回报率的商品，必须是精神商品，东阿阿胶属于药品，药品不是精神商品而是物质性日用品，和食品是一样的是一个物质性商品，这种物质性商品服从的是亚当·斯密经济学，亚当·斯密经济学之下，任何商品都不能获得超社会平均回报率的长期回报率，当我提出东阿阿胶不是精神商品时，就根本没有提价权，提价发展策略是错误的，虽然当时我受到了东阿阿胶投资人的普遍批判，但是后几年的发展完全印证了我的预判，我这篇文章在互联网上一直还有，大家都可以百度搜索。古代有一句话：运筹于帷幄之中，决胜于千里之外。那个不到战场的决策者凭什么能做到这么准确的预判呢？它就是靠理论深度嘛！有了深刻的认知可以准确地预判了未来，也就不会诱发内心本能的动物性恐慌，从而情绪稳定，冷眼旁观，任由事物自身的演化，所以说深度既是情绪管理的手段，也是认知未来的方法。一句话，认知深度创造价值。认知深度是控制本能的动物性的首要手段。”

出资人：“董老师，您说最重要的首要的控制动物本性的手段是加强认知深度，深刻的理解企业的未来，那么既然这是首要的手段和方法，那么其次还有一个方法是什么呢？”

4. 只有自信的比偏执狂还偏执狂才能克服动物性

董宝珍：“其次，你要非常非常自信！投资是预测未来，你做出关于一个企业未来的预测在当下还没有发生，所以你这个预测对与不对，暂时没有强有力的事实证据能证明。比如某人有一片小树构成的小树林，树林的所有人认为这些小树长不大，会很快地死亡掉，所以他想以低价卖给别人。你基于对这棵小树所处的土壤环境，雨水条件包括这棵小树的生命力的强壮程度进行分析，认为这棵小树可以在未来 10 年之后长成参天大树，为此，你愿意趁着树林所有人低价出手的机会，买下这片小树林，当你付了钱成交之后，你的这个预测对不对呢？在你购买这片小树林的时候，是没有事实证据的，只有在 10 年之后，最快的 5 年之后才能展现出事实证据证明你的决策对不对，这个时候你必须要靠自己对自己所做判断的自信，来等待这个最终结果的出现。能证明你的决策正确的事实只有若干年后未来发生了，你才能基于当时的事实来判断所做出的预测对不对，就像我在 2013 年茅台被全面看空之初，我认为茅台的长期未来仍旧是无限美好，民间需求会随着价格的下跌而被大量激发出来，当时做出这个判断的时候，眼前是没有具体的事实来证明这一点的，必须等待时间的推移，等待事实证据和现象的发生，然而在等待的过程中，其他人、全社会都认为茅台完蛋了，这时巨大的压力就施加于你的心头和精神世界，此时你一定要自信，要是有那么一丁点不自信，你立即就被大众所吞没。因为任何人都是群体动物的一员，群体动物有一个进化导致的自然本能，一定会无条件追随群体，因为在早年如果不追随群体，单打独斗是无法生存下来的，只有那些无条件追随群体的人才活得下来，留下了后代，这导致从众是人的本能。这个时候预测对不对，这个裁判权既不能交给大众，也不能交给当前的股价，也找不到现实的事实证据，那在这种情况下，只能把自己对错与否的裁判权留给自己。我是我认知和行为对错的裁判，整个对错判断是一个自我裁判的主观过程。从这个意义上讲，**价值投资必须要有一种更相信自己的性格特征，要有一种抗拒他人否定、抗拒众人反对和不认同的能力。一个喜欢接受别人的意见，在别人意见和自己意见之间，更愿意相信别人的人，可以获得从善如流、集思广益的美誉，但不会成为好投资人。一个更相信自己不轻意，甚至从不接受他人意见的人，可能会获得刚愎自用，自以为是的恶名，但他可能更容易成为一个好的投资人。**”

出资人：“我明白了，投资决策做出后，结果出来前，实际上存在一场坚信自我与屈服他人的较量。他人通过媒体舆论、价格走势等多种手段试图令决策者怀疑自己，放弃自己的判断，在这个过程中就像董老师您一样因为2013年看多茅台受到贬低、否定。于是能不能经受考验是非常重要的能力，这个能力本质上是自信心和自信能力。”

董宝珍：“是的！你避不开大众言论的干扰，你避不开预期暂时没有兑现的压力，只有承受并不为所动，否则就不会有好的结果。对于投资者来说，形成对未来正确的认知只是一个基础，更重要的是能对正确认知没有兑现前的持之以恒的坚持和坚信，坚持需要自信。2013年我认为茅台价格下跌后民间需求会大幅增长，在三公消费退出后，民间消费可以继续支持茅台的成长，这一判断作为主观结论，无法在当时找到相应的直观事实依据。我必须既当运动员又当裁判，不能从外人的观念中寻找依据，也不能通过股价变化寻找依据。可以说价值投资最难的恰恰是这一点，它必须把对错判断的权利留给自己，不能让给市场和别人。在最终结果出来之前，要绝对自信，要唯我独尊，藐视一切，如果不这样，即使预测正确也没有办法成功。2013 年茅台股价下跌 65% 否极泰基金下跌 70%，但是我在任何公开场合，包括我给出资人的信中，反复论证反复强调的是我没有错误，错误的是市场，我是正确的！当时我因此受到了很严重的贬低和否定，甚至有人认为我人品不行，明明已经赔成全球最恶心的基金经理，还在强调自己正确，说我不知悔改，说我不承认失败是因为不敢面对现实而且强词夺理，但是我始终也没有放弃自信。”

出资人：“是啊！您说的这些情况我亲身经历，历历在目值得深思！”

5. 要坚信永恒的规律不会缺席

董宝珍：“价值是以主观形式存在于投资人的内心，没法通过某个客观的仪器来度量价值，如果说有一个对价值度量的仪器，那么这个仪器也只能是投资人内心的原则，价值投资者无时无刻都相信他心中所信仰的这些原则，以及由基于经济规律、经营规律估值原理估算出的价值，他从不怀疑存在内心的原则和价值。他不承认眼前展现出来的价格总是对的，虽然价格能给你展现出一个客观数字，但是价值投资认为这种可以直观感觉到的数字并不真实，真实的东西存在于自己的内心，价值投资者对自己内心绝对的相信，并依存自己的内心原则和判断行动。**不自信的人做不成投资。有的时候坚信内心原则的价值投资者不承认价格的真实性，会被批评为不顾现实，不承认现实，是一个主观主义者。这就是价值投资的特点，而且也是价值投资的难点，因为你坚持一个存在于你内心，与现实中可感知到的价格相反的判断和行为时，所有的人都笑话你。当你基于自己内心原则做出一个判断的时候，价格的走向跟你的判断不一样是必然要出现的，在一段时间没有一个可感知的现实能证明你的判断是正确的，你只有坚信自己内心的原则，这种在没有可以感知现实证明你是正确的情况下，坚持自己的内心原则，某种意义上讲只有拥有偏执狂般的自信才能做到！你要相信你的判断，还要相信你做出判断的那些原则是永恒存在的，永**

不消逝的！我为什么说你要相信原则是永恒存在？因为我们在投资实践中常会遇到，20倍市盈率的股票都跌到了10倍市盈率，它还在下跌，又跌到了8倍市盈率，这种不停息的下跌给人一种直观的感觉，仿佛价值规律那个价值决定价格的原则消失不存在了。谈到这，我把问题拉到抽象的哲理层面，中外的哲学都认为世界是在一种逻辑、道理、规律的支配下运行的。股市、企业是世界的一部分，股市投资和企业经营也是有规律的，也是受道理支配的。这也是我们作为投资者可以预知企业未来的深层原理，假如企业不是按照规律发展的，研究就毫无意义，因为，如果没规律，没章法，就没有可知性了。资本市场非常动荡，大量的无所不在的偶然性令资本市场上蹿下跳，但是终究资本市场受到了一个基础的规律、道理的支配和约束，这个规律就是价值规律。价值规律为动荡的资本市场提供了某种确定性原则。投资成功必须按照规律办事，理性的内涵是人始终按照规律行动，不按照情绪和动物本能行动。按照情绪和动物本能行动是不理性，按照规律行动是理性，而按照规律行动必须克服控制住非理性的情绪和人性本能。规律道理和逻辑永不缺席，永恒存在，在任何情况下没有任何力量可以剥夺、改变、取代规律道理和逻辑对事物发展方向的决定。要想按照规律道理办事，需要我们的主观精神世界，我们的灵魂深处，永远坚信规律、逻辑、道理对事物不可改变的决定作用，永远坚信这些决定事物发展走向的规律道理逻辑不缺席、不消失、不失效。只有把规律、道理、逻辑牢牢的放在我们的心中，完全被规律道理所占据，我们才能利用规律道理做事情。从这个意义上讲，规律道理一方面存在于客观世界中，并支配客观世界。另一方面规律道理进入人的心灵，进入人的精神世界，并且成为人精神世界永不消逝的主宰，让规律道理在自己心中扎根，我们的心智和精神世界完全和规律道理融合之后，才能够自觉的按照规律道理办事，正确行动。自觉的时时刻刻、任何情况下、任何局面下都坚定地相信，最终起决定作用的是规律、道理、逻辑。把规律、道理、逻辑永远记在心中，永远按照规律、道理行事，这就是讲原则、有原则性，讲原则、有原则性的人能在规律道理的辅佐和保佑下取得成功。成功是以人在内心深处任何情况都坚信规律道理为前提的。”

出资人："就像一位投资家说的：理性可能会迟到但不会缺席！"

董宝珍："是的！问题是人在动荡的环境中有时候会放弃对规律、道理终极决定事物发展的认知和信念。比如在股市非理性恐慌下跌时，比如在股市非理性泡沫式上涨时。人们认为规律道理消失了、无效了。资本市场有一句话叫作'这一次不一样'，指的是每当牛市的顶点或者熊市的极限低点的时候，市场中就会传出一种这一次不一样的歪理邪说。在牛市的时候说这一次牛市和过去的牛市都不一样，这一次牛市是一次永无终结的大牛市。而跌到低点的时候，人们再次会说这次的熊市和过去的熊市不一样，这是一次永不会反转的永远的下跌，这种这一次不一样在金融市场上揭示的是人们在现象面前不愿意相信永恒的东西，不愿意相信规律永远不会缺席。就在我们谈话的同时，茅台的股价创出 800 元的新高，800 元的茅台已经没有估值优势，存在着一定程度的泡沫，不应该大规模买入，但是资本市场上却疯狂的看好茅台，我作为当事人冷静的旁观这一种现象，并且对旁观的现象做了一个归纳总结，发现不相信永恒规律的人，在低点和高点都有一些普遍共同的表现，由于我遭遇茅台跌到历史低点是在 2013 年，当时的一些具体情景我也忘记了，此时正是茅台处于最高点，人们又出现了非理性的乐观，忘记规律的客观存在性，我把这时的规律现象做一个总结。"

出资人："好的！"

董宝珍："在市场非理性的情况下，市场上就会出现各种创新理论，否定永恒的常识和规律已经失效，鼓噪人们抛弃常识和规律。用各种各样的似是而非的理论和说辞论证否定常识和规律。在论证的过程中，用于论证的那些方法绝大多数不值一驳，是凭借想象提出来。但是他们为了像模像样也会故意做得很专业，有图表，有数据，有曲线，还有模型，不知情的外行往往会被误导，古今中外的资本市场上，重复不断地上演着把稻草按照金条的价格交易，把垃圾当成钻石在交易，为什么会出现这种现象？是因为在认知层面，非理性的人们已经把稻草用某种稀奇古怪的创新理论和歪理邪说，论证为和金条一样有价值，和金条一样宝贵了，同理在股市大幅下跌后，人们又用各种稀奇百怪的理论和奇奇怪怪的想法把钻石和黄金论证的一钱不值，于是黄金钻石按照稻草价格交易。当资本市场上出现了把不符合常识，不符合常理的不正常现象，用各种稀奇百怪的理论和理由论证为合理，论证为正常的时候，也就是人们用各种稀奇百怪的理论和理由论证常理、规律已经不存在或者改变的时候，规律和常识就要登场，市场的转折就要发生！人们否定常识，否定基础经济规律越疯狂，规律和常识越快的登场控制一切！

2015年在乐视网崩溃前市场上出现了一些著名的财经分析人士、产业界人士、媒体对常识和用常识思考人的否定。

乐视掌门人贾跃亭：‘净利润不应该是衡量一家企业价值的第一标准，在旧工业时代，赚钱能力是第一位的。但现在，衡量企业价值应该是看未来，而不是净利润等硬性指标。’

著名证券分析师：‘用专业的财务分析来评价互联网企业是不科学、不合理的。’

知名媒体人：‘对一家互联网公司的分析，依旧遵循着工业时代的逻辑，依旧使用着格雷厄姆以来的传统分析工具，依旧信奉那些对互联网公司早已失真的指标，依旧与那些三流分析师一样，使用着不准确的数据和断章取义时，我开始怀疑，工业时代造就的明星是否还应该在互联网时代获得尊重；或者说，他们所坚持的怀疑精神、所赖以自尊自重的操守，是否因为镁光灯的照耀、公众的恭维、媒介的尊崇，而形成为傲慢与偏见。’

自媒体大V：‘分析互联网公司的专业知识没跟上世界前进的脚步，用看传统企业视角来分析模式创新的互联网公司，以旧理论来衡量新事物。’

乐视网：‘对乐视网的创新和努力视而不见，用传统古老落后的研究方法来对互联网企业进行分析和估值，已经远远落后时代，犯了刻舟求剑的错误。’

这些评价的共同点体现在四个方面：

第一，认为常识和基础的原理过时了，不适用了

现在应该抛弃常识和原理，用某种虚头巴脑的新理论来解释眼前的

一切。他们从不同侧面论证历来行之有效的常识和基础原理已经过时和无效。

他们给坚持使用常识思维的人扣上落后保守不思进取的帽子。他们用隐晦的甚至是公开的语言贬低坚持使用常识思维的人的能力和人品，当然嘲笑和蔑视更是贯穿始终。我自己就因为在2013年贵州茅台股价下跌时看好茅台，被说成是精神错乱，2017年底在茅台接近800元时，我认为股价有高估风险，再次被说成是精神错乱。

日新月异不断发展的新事物总是层出不穷，但是新与旧的差别只是形式和表象，本质性的原理是没有变化的，所以常识和规律永远是有效的，经济规律投资原理不可能被任何人推翻。所以当人们不断炮制各种新理论、新概念、新思维方式，试图论证常识和规律时，甚至是错误的时候，这时真正的问题不是常识错了，而是市场疯了，因为市场疯了，所以市场将在不久发生转折。

第二、用主观愿望和情绪代替理性分析思考

由上涨所激发的乐观情绪和非理性买入发生时，我还看到这样一些规律性的现象，用虚无缥缈的口号代替了理性的分析和逻辑求证。我在资本市场上求索20多年，最深刻的体会是，没有理性的分析，或者丧失了逻辑思考，就不可能挣钱，而且一定会遭遇挫折。然而我们看到当茅台的股价连续从一百元涨到六七百元的时候，围绕着茅台发生了用虚无缥缈的口号、一厢情愿的愿望来解释茅台股价的上涨，最典型的代表是如下这一些话：‘茅台现象某种意义上是中国财富增长的象征，体现了改革开放40年以来的成果。而且中国的崛起一定是全面的体现’‘茅台股价突破800元，市值突破万亿是中国文化自信的表现！’当茅台的总市值突破1万亿后，热情被点燃，有文章写道：“中国人民从‘站起来’‘富起来’终于实现到‘强起来’质的跨越，如此盛世，三生有幸，我们要从现在开始，拿出当家做主的姿势，喜迎茅台的股价涨到1000元。（当时股价799元）”我还非常惊讶地看到了大量的诗人的涌现，我至少看到20首以上赞美茅台、赞美茅台投资的诗词，这些诗词的艺术水平很高，但是其内容都是自我夸赞或者就上涨的合理性进行主观的评论。我本人在茅台上涨到六七百元的时候，几乎看不到任何用逻辑、用理性、用求证的方式来分析茅台的基本面，分析茅台未来的内容。换句话说，论证已经消失，理性的思考已经消失，取而代之的是伟大的理想，伟大的目标，取而代之的是充满感性的诗词歌赋。

这种现象是资本市场普遍现象，现象的本质是股价持续上涨后，市场会陷入一种不讲逻辑、不讲求证、不讲事实、不讲分析的状态。绝大多数人都放弃了理性，取而代之的是愿望，都用他们的愿望来表达。人们不讲道理，不讲逻辑，本质是放弃否定用常识和永恒的经济规律投资原理。用想象、用愿望、用情绪、用激情、用情怀、用诗词歌赋等主观的东西代替客观经济规律和投资原理。有文章写道：要实现国家真正的‘强起来’，必须要在资本市场确立起强国的地位，这就很有必要有一只 1000 元大股来‘力拔山兮气盖世’。那么谁来拔头筹？那当然是国酒茅台了！此酒不弄个天价出来，有没有王法了，有没有天理了？茅台才是人间投资圣品啊！你能在这样的文章中看到一丁点的理性和对客观规律的尊重吗？

诗词歌赋是以非逻辑表达情感和愿望的艺术形式，在投资分析的领域完全没有任何诗词歌赋的用武之地，但是在上涨的中后期诗词歌赋大行其道，感性的诗人取代了理性研究员和分析师。我自己清楚地记得过去的几轮牛市在顶端破灭之前，都涌现了大量的诗人。而相反在底部估值非常低，恐慌蔓延，投资机会充分显现出，中国股市每次都会出现一些愤怒的意见领袖要带领中小投资者找政府讲道理，这种现象也都是规律性的。当非理性的乐观情绪来临的时候，就会出现用感性、用情绪愿望取代理性、取代逻辑。也只有用愿望、用主观情绪取代是非和逻辑，才能够无所忌惮地推高股价。人人都受逻辑是非的约束，所有参与者的思维中都按照理性是非逻辑来思考来分析，当然也就不会有泡沫，也不会有疯狂。所以用非理性的诗词歌赋，主观愿望分析研究股票的现象出现的时候，那一定是又要出大问题了。

第三、攻击一切理性的观点

我们还能看到一种规律性的现象，在资本市场上，总有少数人就像《皇帝的新衣》童话中的那个小孩一样，他们基于理性、基于常识会发现市场已经不正常了，对于这些理性投资人提出的风险提示，头脑发热的投资人根本就不屑做直接的回应，而是采取了直接简单的办法丑化、扣帽子、诋毁。

当我提出茅台在六七百元已经有泡沫的时候，人们给我的评价是董宝珍是一个没有任何格局的小商人，有人在我的微博上对我说：‘董宝珍！我代表所有的茅台小股东求您别再谈论茅台了，您的水平真的不咋地。估值是市场决定的，不是您能计算分析出来的。不要再自欺欺人自取其辱了！’还有评论说：‘没想到你的格局如此小，现在才知道你在一百多元买入茅台，只是运气好，只是偶然的！你根本不懂茅台，你水平非常之低。’我不由得为之感到费解，宣布我不懂，那么你们总是有依据的吧，但是他们没有任何人提出任何强有力的依据，只有毫不留情地用各种各样的词语直接否定，他们不解释，不论证，就一句话董宝珍是没有格局的，不像他们一样追求伟大，有伟大的情怀。还有人诲人不倦的教导我：‘董宝珍你要有放眼世界的眼光，美股有很多几千元一只的股票，希望强大的中国人要支持中国的股票也上千元，凭什么外国可以，中国就不可以？董宝珍你的眼光太浅，还只停留在国内，没有放眼世界，更没有傲视全球……’这就是当股价带动乐观情绪发生之后，价格陷入非理性泡沫时一个重要的表现，本质是用感性代替了理性，用想象代替了理性。本来投资是一个逻辑分析理性求证的过程，但是他们的所有观点已经完全和逻辑求证理性分析没有关系了，而是变成了一种诗歌创作，完全按照想象和情绪的发挥，诗词歌赋遍地跑！各种理论，各种冠冕堂皇的大词满天飞。

‘嫉妒风险’是茅台价格突破600元之后，中国资本市场上发明的新金融名词。对于茅台价格上涨过快的批评声音，盼望进一步大幅上涨的投资人发明了一个新名词‘嫉妒风险’。他们说，指出茅台股价有泡沫的人是因为嫉妒，他们攻击提出价格有泡沫人是嫉妒心太强，在‘嫉妒风险’被发明后，渴望上涨的人们把几乎所有不利于上涨的观点，都说成是别有用心不怀好意的人，基于不可告人目的的恶意言论。

行为金融学对此的解释是：上涨导致人们渴望更大的上涨，因此一切不利于上涨的言论和观点都成了渴望上涨的人们的障碍，快速消除此种障碍的最有效方法是妖魔化提出观点的人，指出提出观点的人人品很差、目的不纯。这种不用证据和逻辑说话，用人品和道德打击他人一旦出现，就意味着市场上大部分人已经不理性了，因为理性的人是不会用污名丑化对方证明自己正确的！

一切阻挡上涨，一切认为上涨是不健康的人，都被贴上了人品差，别有用心或者神经错乱的标签儿。不幸的是，我都享受了这些称号！想一想 2006 年 07 年那场大牛市在六七百点看空的人所遭遇的命运何尝不是这样的，那些 6000 点上认为市场有风险的人被人辱骂，被人说成是人品不正，心术不正，不希望中国好，见不得中国好，何尝不是这样！在 2018 年 1 月中旬，作为资本市场老牌喉舌的《上海证券报》发表了一篇文章——《警惕贵州茅台背后的'反智思维'》，文中有对茅台的一个分析：随着贵州茅台股价的不断上涨，这个行业里也涌现出一批所谓的'投资家'来。他们动不动以贵州茅台为例子，以'喊口号'似的语言，讲述个人的投资方法，散布无法证实的个人投资业绩，还将之标榜为'价值投资'，让人颇为担心其所作所为的背后到底是什么动机。其中，有的称茅台是'送钱菩萨'。总之，就是要用夸张的语言，尽量在茅台这巨大历史涨幅中，留下个人的'投资标记'。渐渐地，关于茅台的股价评论，成了一场竞赛似的。似乎吹嘘茅台越厉害，个人的水平就越高。越是不动脑筋投资茅台，就越是纯正的'价值投资者'。甚至不少有一定知名度的投资经理也裹挟其中，让人对他们的资管产品的前景多了一分担忧。价值投资者的投资前提是，能够独立、客观评价投资标的。资管机构的必备原则是'审慎对待客户资金'这。两者一致的是，投资应该尽量客观冷静地对待投资本身。投资本身应该是一个非常慎重而冷静的工作。

面对《上海证券报》的真知灼见和苦口婆心，人们认为这个作者是一个愚蠢的家伙。

以上这种现象也是由于价格上涨导致的非理性波动到后期的一种规律性表现。就是说所有看空者或者所有认为上涨不正确的人都是坏人，都是恶意的，都是小丑，都是人品不正，他们已经不在讨论是非逻辑和理论了，而是直接指出你是一个恶意的有不良企图的坏人，通过扼杀、通过对你的人品进行诋毁，通过把你说成是一个别有用心的人，丑陋的家伙来让你的观点没有传播的机会。这种现象既反映了上涨之后人们非理性已到了极端的情况，另一方面也反映出看多者已经拿不出事实证据了，他只有抹黑别人，丑化别人，诋毁别人这最后一招了。

第四、用毫无逻辑的攀比来论证自己行为的合理性

什么叫作用毫无逻辑的攀比来论证自己行为的合理性？当他们在茅台股价连续涨了七八倍之后，明显的茅台的市盈率水平已经接近40倍了，这个时候毫无疑问没有办法通过最恒久的投资原理论证合理性，可是他们还渴望上涨，但他们必须要来论证上涨还要延续，上涨不会终止。于是他们独辟蹊径，不再用传统的几百年来颠扑不破的原理来论证将会上涨，转而进行了一种毫无逻辑的攀比，有人说茅台的股价固然长了很多，但是北上广的房价涨得更多，茅台远比北上广的房子稀缺，所以茅台不可以比北上广的房价涨的更低，北上广房价长了几十倍，茅台才涨了六七倍，价格上涨还远未停止，还会持续。他们更进一步地论述到，洋酒动不动就上万，茅台作为中国最好的酒，代表着中国文化，为什么不可以上万，那茅台酒价格突破一千，比上万元的洋酒来说，价格低的很，因此茅台酒的价格还会上涨几倍，茅台股价也将会快速上涨！更有甚者，说那些豪车，那些外国的名车，动不动就几百万，中国的好酒才上千元，低的很还要涨的。这种类比更加走向了毫无逻辑，他们还说你瞧瞧人家美国的大牛股，动不动就几倍十几倍的上涨，茅台才涨的多一点而已，比美国的大牛股涨幅小的很。**这些毫无逻辑的攀比，是在用颠扑不破的市盈率估值和基本面估值无法解释的情况下，人们炮制出来的。这种类比本质上也是抛弃逻辑，抛弃常识，抛弃理性，用无逻辑无常识的主观攀比，来论证价格继续上涨的合理性。这种现象也是规律性的，当你在资本投资的时候发现了这种现象，那么你就应该意识到差不多到顶了，新的转折就要出现了。这就是我要深入表达的，资本市场上极限高估或极限低估的时候，市场会广泛的出现否定规律，否定永恒常识的情况。在这种情况下，如果你想赚钱一定要在内心绝对坚信规律，常识永恒存在。规律和常识对资本市场的决定和支配尤其体现在两端，越是在两端的极限高度和极限低估时，规律和常**

识越强势出手。这也就是巴菲特经常说的一句话，我只有在股市的两端才能看清楚股市走向的深层原因，因为在两端的时候规律将必然的、确定无疑的登场，从而导致可以看出来。而在两端的时候，大众就会宣布规律消失了，尝试无效了，从而做出错误的决策和判断。所以要始终保持理性，始终能用理性控制人固有的动物性，一定要时时刻刻坚信规律永不缺失，并且越是在两端，越是人们和大众怀疑规律的存在的时候越要坚信。”

出资人：“确实市场上真的就是这样，大众在持续上涨之后所表现出来的对基本规律基本常识的否定，以及理性思考的丧失，让太多的人做出了非理性的行动，最后大家哑巴吃黄连有苦说不出，而股价下跌到有罕见投资价值的时候，他们却无限悲观地宣布资本市场再也没有机会上涨了，它们又从另一个方向否定规律，否定常识的客观性。”

董宝珍：“经历了贵州茅台从 2012 年的 200 多元下跌近 60% 跌到了 100 元附近，之后又从 100 元连涨数年，到了 800 元附近。这样一个惊天动地的大波动过程中，非理性情绪和行为被表现得淋漓尽致，客观上给我们提供了一个极其宝贵的观察人性在涨跌变化中的情绪表现特点。我试图总结出一些规律性的现象，我产生了这样一种思想。从下跌到上涨，再从上涨到下跌的过程，始终是两条线的同步变化，一条线是看得见的表象，也就是股价，另一条线是看不见的本质，也就是价值。当股价从高位向下跌落的时候，在表象层面看是价格越来越低，持有人的市值越来越少。然而在表象变化的背后，本质也同时在截然相反的方向变化。作为表象的价格越下跌、越走低，作为本质的价值越上涨、越增加。也就是说作为本质的价值和作为表象的价格，它们的变化方向是相反的。作为本质的内在价值就像汽车的油箱，而作为表象的价格相当于汽车的运行速度和运行的里程。当汽车加满了油静止在那里时，它运动的潜能越大，可以行进的里程越遥远，只不过它静止在那里，没有表现出运动能力和飞速的前进。但是油箱里已经加满了油，就决定了汽车必将会在未来快速地前进。反过来，如果一辆车的速度越来越快，开了几百上千里时，我们在表象层面上看到的是这辆车飞速前进，一往无前，没有任何力量能阻挡。然而这种已经表现出来的，已经持续很长一段时间的强劲快速移动，实际上是伴随着内在的油箱储油量大幅减少发生的。也就是说高速运行起来的汽车，它消耗了内在的动力，它未来持续向前的依据就减少了，就消失了，就趋于没有了。这就是表象和本质的普遍关系，表象最强大最势不可挡，最无人能敌，是消耗了内在的本质为代价的！由于表现的强大消耗了内在的本质，并且把内在本质充分地表现出来，支持表象的内在本质就日趋减少，甚至趋于耗尽。在这种情况下，实际上表象就趋于穷途末路。然而人这个高级动物看问题总是只相信表象，相信眼前。人只为眼前所表现出来的强烈的变化和快速地移动而兴奋，被表象的辉煌刺激得不能抑制的激动。本质是非直观的，是看不见的，是需要用理性才能把握的，大部分人对本质兴趣不大，也没有能力把握本质，于是乎大部分人就会被表象所迷惑，所误导！他们会成为表象的奴隶，他们追随表象，随表象而欢欣鼓舞或愁眉不展。当股价已经持续的上涨了若干年，当股价上涨导致的估值水平已经超越了历史正常区域的时候，这时从直观的表象层面看，股价是凌厉的上冲，且势不可挡，势如破竹，一日千里，强劲的表现吸引了太多人的赞美和认同，股票持有人看上去都像股神，没有买入的人纷纷买入，然而在本质层面，内在价值已经以价格猛烈上涨的方式充分的展现和消耗！强劲的上涨是将推动上涨的内在价值充分的耗光，由于内在价值被充分的消耗，所以支撑价格进一步上涨和表现的内在依据已经丧失殆尽了。然而人更容易接受表象，更相信表象，更容易被表象所迷惑，于是在没有内在价值支撑的情况下，人们的情绪无限乐观，情绪高涨蜂拥而入，最后蜂拥而入的买进，又把价格推上了无以复加的区间，此时由于客观上完全没有内在价值的支撑，又由于涌入的人最终会枯竭，当再也没有新的被表象迷惑的非理性的人涌入，股价就崩溃了。而在崩溃的过程中，作为表象的价格不断下跌，表象的下跌制造了恐惧悲观，另一方面在内在的价值层面是价值日益增加，直到内在价值因为价格的下跌累积到足够强大，新的转折又开始了。”

出资人：“您举的汽车的例子很形象！相对于大脑的理性分析，人的感官非常发达，现象通过感官传入人身体内，会更强有力地影响人的情绪，激发人的本能，大脑有理性思考分析本质的能力，但人更容易被感官所看到的现象激发起的动物本能所控制，而不会自觉地用理性进行本质性思考，被现象刺激不能发展，本能导致人追逐现象，随着现象起舞，这就是您所说的投资最重要的是用理性控制动物本能的原因。”

董宝珍：“是的！**过去几年，我亲身经历了茅台过山车般的涨跌，这让我记忆深刻，对我的人生也产生了深远的影响。期间过程依然浮现在我脑海中，茅台股价先跌后涨过程中，人们所表现出来的规律性情绪，共同的特点是人们丧失了客观性和实事求是的精神，人们用情绪、愿望、想象、感觉代替了理性思考和客观事实。而投资是一个完全的、纯粹的，甚至是绝对的理性思考、理性分析的工作，投资要靠逻辑对客观事实进行是非真假的判断。在分析决策的过程中，要始终如一地保持客观性和实事求是精神，绝不能有一秒钟丧失客观性和实事求是精神！价值投资也可说就是理性投资！**有次一位女士让芒格用一个词来概括其成功的秘诀，芒格的回答是‘理性’。在另一个场合投资人问芒格对你们而言什么最重要？芒格说：‘我更善于把事情想明白。一个人最主要的任务是尽量做到理性。理性是一种道德责任。伯克希尔哈撒韦公司在某种程度上是个理性的殿堂。’什么是理性？我求索了20多年，从1994年到证券公司工作，到现在成为资产管理者，在20多年的求索过程中，我感觉投资的知识并不难，真正难的是保持理性。**理性其实就是保持客观性，就是保持实事求是的精神品质，使人们不理性最大的敌人是情绪化，做到了不情绪化，控制住情绪就能保持理性**。我20多年所走过的路，在早期走了很多弯路，也在早期遭遇多次起伏，现在回想起来根本原因是因为在市场的特定环境下变得情绪化，从而失去了客观性，失去了理性。在进入股市的早期多次在挣钱之后随即遭遇滑铁卢。自己挣了钱以后心情为之大振，我太牛了，我能力太强了。我还可以大踏步地顺势攻城拔寨，一口气完成心中所有目标，实现所有愿望。现在已经明白了这就是情绪化后的失去客观性，失去理性！挣钱引起自信心不正常的膨胀，就不再以现实的实际情况来决策，整个大脑被情绪控制，被愿望控制，完全不关注客观事实和永恒的规律和常识，客观事实已经明显表现出不利的变化的时候，都不愿意承认，看见了都不承认，也不接受，最后陷入失败。我自己在早期那些典型的失败和令人无法忘记的曲折，都是在这种精神状态下发生的。哪一次失败都不是因为面对的局面太难，而是心情太高兴了，太想快速的成功。而在另一些时候，失败是由于自己做出的研究和决策遭遇了预期之外的曲折，本来自己研究后认为基本面是很好的，企业会成长，但是股价突然连续下跌，且跌幅非常巨大，这时自己内心就鬼使神差地产生一种抑制不住的焦虑恐惧心理，总是有个声音说，这下可完蛋了，要是这次失败了我可怎么办？我不就完蛋了嘛！我就没有出路了！于是就产生要不先暂避一时，躲躲风头以后我再回来，此时出现的心理变化也是完全的情绪化，情绪化使自己忘记了买这个股票前所做的那些研究，实际上那些研究事后看都是正确的，可是遭遇曲折时自己的心稳不住，从而变的情绪化失去了客观性，恐惧吞没掉了自己的客观性，于是不可避免失败。回想自己刚刚进入股市是为啥要在下跌时候割肉走掉，是因为有一种担心，万一跌没了，我不就彻底完蛋了！还是先出来吧！这种心理本质是怕最后的失败！于是在恐惧情绪压力下做出非理性决策，是自己失去了客观性，失去理性。”

6. 投资是血与火的惨烈博弈

出资人：“人心都是肉长的，没有人可以靠纯粹的天生做到绝对的理性平静，每一个人拥有的理性平静不情绪化都是一个艰难的磨炼求索过程。董老师您后来是怎么样走向了情绪稳定和理性的？”

董宝珍：“在经历太多曲折之后，有了很多经验，自己逐渐就出现了可持续的成功，这种可持续的成功来源是什么？虽然我的分析能力有进步，但最大的进步就是我的情绪不再来回地上蹿下跳，我能有效控制自己情绪，做到客观理性，能客观地看待眼前发生的一切！更相信自己了！遇到哪怕是连续下跌也不着急了，为啥不着急？我总结早年老是在下跌低位割肉，主要是怕真的彻底失败和赔光。这种怕来源于两个方面，一方面是自己基本面研究功夫不够，以为自己懂了，因此一遇到下跌和危机就六神无主。所以后来我买前就加强研究，研究再研究非把标的吃透搞得清清楚楚才下手。第二个原因是怕失败，对此我就产生一种王八吃秤砣铁了心的观念，过去老是怕最后鸡飞蛋打，彻底完蛋。因此而卖出股票做了傻事。现在我心甘情愿的接受任何失败，哪怕是财产全部损失，哪怕是身败名裂都是坦然接受。如果我看好的投资机会，最后因为自己的判断错误而失败，那我就应该失败，因为我的研究没到位，在误判的情况下我失败是理所当然的，我不能拒绝失败！到了失败那个时候，我虽然一分钱也没了，但我得到了经验，我能力提升了，我以后就更强大了。我老是因为害怕最后的失败割肉走掉，钱也没了，能力也提升不了，这才是真正的失败。所以我就索性王八吃秤砣铁了心一条道走到黑！有了这种决心以后，反而就平静了，再加上刻苦的研究，就能保持客观性。基本上没有大的情绪起伏了，我的情绪不跟着股价走势图波动而波动，基本上始终能保持平静，于是很多问题就自然解决了。回想起 2013 年茅台股价大幅下跌 60%，我管理的否极泰亏损 70% 时，当时我坚定认为我是正确的，非常有把握打赢这场历史性的人性博弈之战。我多次说我是正确的，错误的是市场。当我说完这话，没想到骂声四起！人们说不要脸的家伙赔的这么惨，还说自己是正确的，别人是错误的，说我不负责任。我根本不理会这些，我为啥不理？因为我有把握，我的研究和调查使我知道我是正确的。另一方面，说真的我也做好了承受任何局面的准备，我敢于承认并面对任何局面，包括失败，由于我做好了心甘情愿接受最后身败名裂的准备，也就完全放开了，心里也就不再患得患失了，我当时一身轻松无所畏惧。最后这种心态使我一直保持平静，保持客观性，没有情绪起伏。在这种精神状态下，克服了曲折，迎来了必然的成功。”

出资人：“投资人在投资实践过程中，所经历的必定超预期、必定很曲折，在这个过程中投资人要坚定，确实需要放得下，真的就是万一失败了也要敢于承受。您的这个观点，对我的启发很大，我们现在就有很多人他们不敢承受，就想享受成功的喜悦。他们不愿意承受过程的曲折和艰难，总想回避这个必定要发生的曲折艰难，所以最后他就不成功。”

董宝珍：“是的，我特别要说的是投资决策你要深入研究，要确定有绝对的赢面，但是人的预测终究是人的预测，人是不能完全排除错误的，最后万一错了你要敢于承受。**很多人都说董宝珍不是神仙，你是人你可能**

出错。这个追问在逻辑上是正确的，只要是人就有可能误判，面对这种追问我也想过，我如果错了我就应该承受错误的最终结果，我就应该去面对失败，我不能回避这个失败，这是我最后完全坦然面对、完全不受情绪控制、完全能够平和地看待一切的很重要的原因。我发现身边的大部分人是受到可能失败的巨大压力，他们不敢面对这个最终可能失败的结果，所以就怕失败，最后走向了失败。失败了也坦然面对，我自己业余时间看哲学和军事方面书籍的时候，我发现人类历史上那些重大的战役最后取得胜利的一方，都不是一帆风顺的，很多胜利是在几乎完全没有希望的情况下，但是因为死不放弃，最后取得了成功。像滑铁卢之战，英国方面在战争启动 90% 的时间里是被动挨打，在 50% 的时间里已经逻辑上陷入了失败，但是就在这种困境下，英国统帅死不屈服，也绝不后撤，英国主帅一直在阵地的最前方矗立着，以至于副统帅的一条腿都被炮弹炸飞。同样著名的台儿庄战役中守卫台儿庄的中国守军，90% 的将士损失掉了，但是中方军队死不后退，而且主动炸掉了后退的浮桥，最后迎来了胜利。胜利和成功哪那么容易啊！有的时候局势把你逼到绝境，仿佛你已经完全没有希望了，这时到底是放弃还是坚持，最终决定你的命运。投资人需要有那么点儿果断坚决，视死如归的精神气质，革命不是请客吃饭，投资也不是请客吃饭，投资是血与火的惨烈的博弈，这个游戏要是没有点儿拿得起来放得下的精神气质，根本干不成！”

第七章

寻找确定性　拥抱确定性
坚信确定性

1. 没有对确定性的坚信无法战胜非理性的市场

某一天我收到出资人的一封来信，信的内容如下：

董老师好！

您在自己的信中多次讲过我们所以遭遇了净值下跌，并不是因为我们所买公司实质基本面竞争优势发生了衰退和问题，而是大众情绪发生了恐慌，大众情绪不可知不可预测，且又直接决定股价，短期股价的波动过程不可知，过程的不可知与基本面走向的可知形成了投资的一对矛盾。但是也产生了一个非常严重的疑问，我们自己全仓一只股票，那这样一个做法是不是没有考虑过程的不确定性。

另一方面我认为确定性被您抬得太高，会导致我们无视风险和不确定性，您对不确定性关注不足！随信寄去霍华德·马克斯关于世界是不确定的论述："你必须理解世界是由不确定性构成的。世界是一个充满不确定性的世界，这样才能了解如何应对这个世界。要是你觉得应对未来的方法是准确预测将来会发生什么，认为自己正确无误并把这个作为行动依据，肯定是自找麻烦。要是意料之外的事情发生了，你的结局可能很糟糕。我认为，太相信未来可能是危险的根源。太多的不确定性是我们这个世界危险的来源。把投资建立在对未来的预测上是一件很危险的事，知道我们无知，才能接受未来的多种可能。我理解的世界发展往往是由随机事件控制的，我们不能说未来一定会怎样，未来是由可能发生的随机事件组成的。就算你知道随机事件的分布、各个事件的相对概率，你也不知道这些事件什么时候会发生。我觉得这很重要。"

出资人

出资人的来信使我想起2013年12月20日，我正在办公室里奋笔疾书撰文强调茅台处于千载难逢的投资机会中。突然手机铃声响了，电话另一端传来急切声音：“是董先生吗？我是证券公司的老周，你可能也看见了，茅台股价快速的下跌，我觉得董老师你不如先退出来！我是非常愿意相信你关于茅台的判断是正确的，但是现在这个形势太复杂、太动荡，太难以琢磨了，不如你现在先暂避一下风头，等形势稳定下来，再追加买入岂不更好？”

我说道：“老周！谢谢你真诚的提醒。你对我的好意我全知道了，但是我不会接受你的观点。我知道我的情况，我很安全。”

放下电话，我和伙伴认真的研究了一下形势，认为目前非理性抛售已经是强弩之末，理性和价值规律就要彰显，我们处于与非理性决战的关键时刻，我们一定要坚持到底，绝不能屈服，更不能放弃哪怕一丁点仓位，我们已经胜券在握了，真正处于危险中的是那些可怜的毫无理性的空头。

完成了分析演算之后，我站起身来，注视着窗外天空中不断地移动的乌云，一会就要下雨了！心中有一股难以抑制的呐喊，我似乎听到了自己内心发出了一种喊声：“天没有因为狂风暴雨而塌下来，地没有因为山呼海啸而陷下去，世界是有逻辑的，股市是有规律的！股市在根本上不是被情绪和非理性者控制，市场终究要被价值所控制。价值、理性可以迟到，但从不可能缺席。市场如此之疯狂，下跌如此之猛，已经昭示着理性和价值就要崛起，理性和价值会因为非理性的无以复加彰显！我已经稳操胜券了。我拥有价值，我拥有王道，我拥有天理，真正处于危险中会遭遇麻烦的是那些疯狂卖出的已经丧失理性的人，是那些完全被情绪控制的非理性抛售者，我处于绝对安全之中！”让我产生这种想法的不是某项财务指标，不是某种具体的知识，而是潜藏于我心中的对确定性故有的坚信。**我相信股市纷繁复杂变动不可预测的过程背后有确定性和必然性，我相信不确定的过程背后有确定性。股市不可能是完全随机的！任何事物和存在总是受到规律、法则、逻辑的约束和控制，如果没有规律、规则的支撑它就不能存在，从而也就根本不能发展变化。没有规律提供的确定性支撑，股市哪能存在，又哪能发生变化，而这个规律就是价值规律。**

这时窗外已经下起了瓢泼大雨，一时间乌云滚滚电闪雷鸣，大雨倾泻而下。触景生情我想起了《道德经》第二十三章："希言，自然。飘风不终朝，骤雨不终日。孰为此者？天地。天地尚不能久，而况于人乎？故从事于道者同于道；德者同于德；失者同于失。同于道者，道亦乐得之；同于德者，德亦乐得之；同于失者，失亦乐得之。"翻译成白话文："自然是最高超和无声的语言。暴风不能坚持一上午，大雨不能坚持一整天。暴风大雨是谁产生的？是天地。天地产生出的暴风大雨都无法持久，更何况是人为所制造的各种现象？所以说修养道德的人能与道合一；做事顺应符合自然规律的人，就能在现实生活中能有所得；违背自然规律做事的人在现实生活中就必然有所失。"

始终在任何情况下都坚持按照规律办事的人，自然规律就会不断地成就他；顺应自然规律做事的人，自然规律就会让他的路越来越宽；违反自然规律的人，自然规律就会把失败降临给他。股市的暴涨暴跌就像来势凶猛难以预测的暴风骤雨一样，终究不能持久，真正能持久的是那永恒的规律所决定的基本态势和变化方向。如果我们是一个农民，我们播种耕耘从事生产和劳作是追随暴风骤雨而动，还是按照春夏秋冬的自然规律安排自己的劳作和生产呢，很显然，没有一个农民按照暴风骤雨来改变调整自己的生产和劳作，股市的超预期的暴涨暴跌和暴风骤雨一样，无法预测，但是它不会持久，更不会改变事物发展的方向，就像《道德经》说的飘风不终朝，骤雨不终日。暴涨暴跌和暴风骤雨的出现是一个瞬间，并不改变事物的节奏，也不能改变事物的发展方向，真正决定事物方向的是规律和逻辑，具体到股市内在价值和企业竞争优势才是决定最终结果的力量！过程固然是不确定的，但这种不确定性背后有确定性在支持在主宰！人这种生物是从单细胞生物历经几十亿年进化而来的，生物生存进化没有一秒钟可以离开液态水，一旦液态水不存在生物就整体消失了。人能在几十亿年里不间断从单细胞生物进化为人，说明在过去几十亿年里始终是有液态水的，液态水只能存在于 0º~100º 的区间内，说明整个地球的温度始终没有出现过长期低于零度，也没有出现过任何一个时刻气温超过 100º 的。于是我们看到地球几十亿年中，温度始终在一个稳定的范围内波动，没有出现过气温突然因某种偶然性超越正常波动的异常。如果这个世界随时因为各种偶然事件就令规律性被颠覆或者彻底消失，使得世界陷入无规律的随机不稳定状态，根本就不会发生十几亿年地球温度持续稳定在一个很窄的恒定区间的情况。世界以及支配世界的规律性无比强大，强有力的为万事万物提供确定性。

另一方面，几十亿年来，每一个冬天的最低温度是多少度是不一样的，发生在哪一天也是来回变化的，古今中外没有人能预测到。这就是偶然性和不确定性的表现。偶然性不确定性影响的只是一些量的波动幅度，真正后面控制一切的是规律性和必然性。所以不能说没有偶然性，但是偶然性是受必然性约束的。我们都知道地球是运动的，既公转又自转，人类在地球表面盖摩天大楼，盖的各种建筑是以稳定的地球自转和地球公转速度为基础安全保障的，如果地球自转速度和公转制度哪怕稍微有一点波动，地球上所有的建筑都瞬间崩塌，就会大范围出现山崩地裂，人类就会灭绝，有了人类以来，地球的自转速度和公转速度就从来不发生变化，稳定的到了极端的程度，这里面确定性几乎变成了唯一性，地球自转速度、公转速度几乎没有不确定性，这种情况使我认识到宇宙的本质特性是确定性，不确定性是在确定性基础上存在并发挥作用，如果世界本质上是完全的不确定性，那么世界根本不可能有稳定的发展。

窗外的雨停了，乌云已经消失得无影无踪，阳光再次照耀天空和大地。我回到办公桌前把自己的所思所想写成文件，发给我的出资人和伙伴，告诉出资人和伙伴，我们处于必然的成功和胜利中，耐心等待静候佳音！

今天回头看，客观事实证明了我绝不后撤、绝不屈服是正确的。我的决策也取得了超过 20 多倍的巨大回报（当时我的基金净值 3 毛多，2017 年净值变为 10 元）。这个收获本质上是对我坚信确定性的奖励和回报。**史诗般的茅台大博弈强化了我对股市确定性的认识，再复杂、再超预期的波动背后都有确定性，要坚信复杂变化背后是有确定性的，所谓的风险管理就是找到这种确定性，然后用这种确定性来应对不确定性。我是通过对确定性的坚定，对基础的价值要素的坚信，对短期不确定性的无视，最终迎来了必然属于我的胜利**。

我不屈服于非理性的暴跌，坚信自己胜券在握，并不是基于某一个具体的知识，也并不是基于某一个具体的事件，更不是基于某一个现实的利多（事实是当时除了利空完全没有具体的利多），而是基于内心深处对价值规律，对世界有确定性逻辑的坚信！我不相信人的情绪可以长期控制股价。那些在最适合买入时疯狂卖出的个人和机构投资者，他们的错误并不是不了解具体的知识，而是丧失了对确定性和规律性的信任，在压力和暴跌面前把未来理解为完全随机的。在大暴跌面前没有了对价值规律提供的确定性的坚信，由此，他们在急速的猛烈下跌面前失去了主心骨，失去了支持他们站住的坚定信念。

我的深入研究使我相信，茅台酒是中国人表达情感的载体，是中国人维护，改善人际关系的润滑剂，社会总是进步的，在社会总是进步的背景下，人们的人际关系需要会大幅增长，因此对贵州茅台的需要会确定的增加，贵州茅台是中国礼尚往来的最佳载体，这确定的导致茅台酒越来越稀缺。于是，贵州茅台的长期未来必定是确定的。某些公司的长期未来是有确定性的，未来不是不可捉摸的旋风。如果不是因为某些公司的未来是有确定性，投资就失去了基础。市场的变化诡异、迅疾不可捉摸，使人会认为资本市场、企业未来没有确定性，这不是事实。**资本市场、产业经营是非常动荡的，但变化的复杂性和不确定性，只是表面现象，在资本市场、产业经济、人类社会、自然界，复杂的不确定性变化背后是确定性和不变。变化中包含的不确定是建立在永恒不变的规则基础上。严格意义上没有纯粹的绝对不确定。我们所感受到那种不确定的变化，背后有坚固的确定性和不变支撑，那种不变的东西叫作规律、叫作法则、叫作本质属性，在资本市场这种法则和规律叫作价值规律。难以捉摸、令人担忧的不确定，都是在规律、法则控制下发生的，拉长时间一切都是非常有规律的，确定性潜藏在不确定背后，并最终主宰一切！这是我关于股市确定性和不确定性的基本理念。**

世界如此复杂，多少事物交织在一起互相作用。但是我们看到的世界是有条不紊的，是稳定向前的，并不会频繁的发生火星撞地球，也不会发生频繁的地震。假设世界的本质是不确定性，太阳明天出不出来是不一定的事情，万物就不能稳定存在。如果不确定是世界存在的唯一形态，那么世界就变成了旋风，没有任何逻辑，没有任何规则，也没有可预测性，这样的世界本身就不能存在！世界并不是这样，是有秩序、有规则、有确定性的。

投资就是寻找等待确定性，回避远离不确定性！在孩子没有出生之前预测生男还是生女，在B超机发明前任何预测都是不确定的，因此我们不能参与一场预测生男生女的博弈，因为这是一个没有可预测性的不确定事件！当孩子落地了，就有了确定性，生下的是小男孩，随着小男孩的生长，孩子说话声音非常细像个女孩，有人发起一场打赌，说这个孩子声音细是女孩，这时押注孩子是男孩是立足于确定性基础上的确定性赢。这就是价值投资的行为本质，立足确定性下注，把钱投到100%确定的低估和成长企业上。如果孩子没有出生时有人发起打赌，赌孩子的性别，价值投资是不会参与的。

在投资市场成败的关键时刻，最考验投资人的是对价值的绝对坚信，投资人最后能不能熬过那巨大的压力，就在于他信不信价值是股价的绝对主宰。在某些时刻，你眼前出现的各种情况真的就好像是价值已经永远的消失了，价值已经不在起支配作用了，你看不到价值的影子，市场非理性的情绪甚嚣尘上。仿佛价值背叛了我们，弃我们而去了，这正是决定命运的时刻，此时此刻应该记住，价值永远不会离我们而去，价值会因为非理性无限张狂，而日益临近，价值可能迟到，但绝不会缺席。我们所遇到的艰难时刻，最多只是价值迟到！只是价值正在赶来的路上，只要你相信价值不会永远缺席，价值就一定会赶到帮助你。当你认为价值再也不会出现的时候，你就会被非理性吞没。那样即使价值赶到也与你没什么关系了，就像我的很多同行，在茅台股价大跌出现千载难逢的机会面前，他们不再相信价值会赶来，他们做了错事，最后他们一无所获。

2. 确定性是“如来佛”，不确定性是“孙悟空”

虽然历经曲折，我从2013年底到2017年末，获得了20多倍的投资回报。我管理的否极泰基金从成立日2010年6月份开始到2017年底6年半，我获得了10倍的收益，如此明显的超额收益面前，我并没有获得全面的接受和认同，而是频繁的质疑。当我在某些专业人士云集的场合出现的时候，专业人士异口同声地说："你当时没有遭遇危机，最终熬过来是侥幸脱险，是运气好，并不是有什么规律使你必然胜利，你说的那些必然的规律让你胜利只是你的主观想象。你的所作所为是错误的，最后这种错误虽然没有使你遭受损失，只是因为偶然。当时茅台也完全可以跌到6倍市盈率，可以跌到你完全招架不住彻底崩溃。"

这个问题本质上是只强调不确定性，否定确定性，这个问题是如何正确理解确定性和不确定性的关系，到底确定性和不确定谁是主宰、谁是被支配者？**我基于自己的投资实践，基于对中外哲学理论的思考，我认为不确定性是"孙悟空"，确定性是"如来佛"，"孙悟空"再怎么善变也跳不出如来佛的手掌，最终掌控一切的是确定性。**孙悟空七十二变，上蹿下跳一个筋斗十万八千里，但是他永远跳不出如来佛的手掌。如来佛决定了孙悟空变化的基本边界和区间范围，在这个区间范围里，孙悟空可以任意的跳跃和变化，但是在接近边界的时候，将会被如来佛牢牢的约束控制在这个边界里面。如来佛对孙悟空的控制并不体现在时时刻刻，而是允许孙悟空在边界里面自由变化。那种认为股价已经跌了一半，因此还有可能再跌一半的观点是否定确定性对不确定性波动边界的绝对控制，实际上是强调任何时候不确定性都可以为所欲为，不受任何约束，也就是否定确定性的存在。

确定性负责控制变化波动的边界，变化和波动进入到边界区域的时候，确定性将会像如来佛管控孙悟空一样坚决的让波动和变化向相反的方向转向，确定性是负责拐弯。确定性通过把不确定性引起的波动控制在一个区间里，来保证事物能稳定的存在下去。万事万物所以能存在有一个前提：某一种状态不能持续单边延续下去，只要某一种状态持续单边延续下去，那么，这一状态就被推向了极端和极限，于是事物就会崩溃，事物就不能存在。人类都特别喜欢阳光和温暖，如果人类通过科技创新让太阳永远高高挂在天空，黑夜永远不出现，最终会出现什么局面，最终我们所有的人都被热死。每一次牛市的顶端，市场参与者都有一个强烈的愿望和口号，那就是这是一次永不会下跌的上涨，假设这种愿望能实现，最终的结果是什么？答案是全社会经济崩溃和停滞。因为股市永不停息的上涨会制造人人都可看见的财富效应，面对天天上涨的股市，谁还去办工厂？谁还去做经营企业？都来股市挣快钱，于是没人去经营，没人去办企业，股市的基础就不存在了，所以股市就会下跌，牛市就会结束，不结束整个经济就崩溃了！这又涉及到中国古代哲学的名言“一阴一阳之谓道，继之者善。”事物稳定和谐发展内在的要求是涨跌交替，阴阳交替，兴衰交替，冷暖交替，没有这样一种反向的交替，就没有和谐稳定，就没有继之者善！任何事物存在的内部都有一个对立的关系，比如说股市的涨跌是对立的，悲观和乐观是对立的，这种对立关系下任何一个单一的指标被强化过程，在本质上是增加壮大它的对立面。比如随着上涨下跌的力量被加强，最终在某一时刻被不断加强的下跌逆转了上涨，最后涨跌交替，实现了继之者善的和谐稳定状态。

认为一个合理估值 20 倍市盈率的公司最后跌到了 8 倍市盈率，还会跌到 4 倍市盈率，甚至跌到 2 倍市盈率，该说法的本质是，既然金条的价格能够因为市场的非理性跌到稻草的价格水平，为什么不可以从稻草的水平再跌到尘土的水平呢？这个观点否定确定性的主宰地位，同时把资本市场和股市变化理解成线性的机械运动。当价格偏离了价值决定的中间状态后，就像一个弹簧一样，你压缩它越厉害，它的反弹力越大，你拉得越厉害，它的收缩力越大，这个反弹力和收缩率是与你的压缩和拉伸的长度成指数级变化的，它不是线性变化的。认为金条可以跌到稻草价，所以稻草可以跌到尘土价，这是不正确的线性思维，没有理解到价值规律中，价值对价格的吸附作用大小是与价格偏离价值的幅度呈指数级增长的，只要你偏离越来越大，那么价值的吸引力就几十倍上百倍的增加，不是线性关系而是一个指数关系。价值对价格的约束，有一个非线性的特征。当价格越偏离价值，价值对价格的主宰力越强，以至于当价格偏离了足够的幅度达到了历史的边界之后，这个时候价值对价格的主宰和决定你达到了无穷大，从而使得价格必然发生反转。基于这个道理，价格越是偏离价值远，价值对价格的约束力越强大，从而导致一种局面，这种局面用巴菲特的话说是：“在资本市场上只有两端的时候才能看得清”，巴菲特在两端能够看得清的观点，本质上等效于这样一个问题，问孙悟空平时怎么样变化、怎么样腾云驾雾，这我们是无法知道的，因为孙悟空的日常变化是不可预测、不确定的，但是另一个问题是，孙悟空能不能跳出如来佛的手掌，这是谁都知道的，答案是不能。

我们人的感官所能感知到的都是由不确定性引发的随机波动，所以我们常常会因为感官的误导，错误的认知到处都是不确定性，确定性不存在！整个一部《西游记》，我们看到的都是孙悟空腾云驾雾，仿佛唯一的存在就是孙悟空，事实却是一切都是如来佛和菩萨设定好的。**一般来说，不确定性登场展示在我们眼前的时间比较多，确定性虽然关键时刻一言九鼎，根本决定事物变化的框架和终极走向，但是确定性展现在我们面前，体现它存在的时间是比较少的，这样就会容易让大家误以为确定性消失了。**

3. 确定性保证了拐点的来临

确定性是负责拐弯的，确定性是在事物的自身发展，股市的自我演化到极限情况下才出手控制方向，股价的变化时时刻刻都是确定的是不可能的，那样股市赚钱就像喝凉水一样容易。股市在估值水平附近的中间区域以随机性和不确定性为主。但是在偏离估值中枢的两端，随机性不确定性自以为是、为所欲为让局面和估值水平大幅偏离了正常水平，出现了严重的低估和极端高估的情况下，确定性立即披挂上阵，把不确定性拍在马下。**资本市场上 80% 以上的时间处于不确定主导，绝大部分公司的未来处于不确定中。确定性是极其罕见，极其稀缺的状态和资源。价值投资者就是在广泛的、无所不在的、巨大的不确定性中找到那稀奇的、罕见的、宝贵的确定性。**

资本市场就像一个巨大的风车无时无刻不在运转中，这个巨大的风车在转动过程中引起的变化是："机会度和风险度的此消彼长，确定性和不确定性的不断交替。"当估值水平从高位跌落下来，不断下跌的本质是风险逐渐释放变小，随着估值进一步的下跌，将会出现一个神奇的时间段，在这个神奇时间段，机会无限大，风险为零，或者说在这一时刻，机会和风险这对冤家对头，只剩下了机会，风险因为过度下跌而消失了，机会在和风险的斗争中已经失去了对手，机会可以单方面主导估值水平的未来变化，确定性随之发生了。确定性和不确定性好比拳台上的两个拳击手，通常情况下，两个拳击手你打我一拳，我打你一拳，谁能得胜是随机的，是不确定的，也是不可预知的，可是在某个时刻，某一个拳击手被打翻在地，拳击台上只有一个拳手时，谁胜利已经是绝对确定了。此时，是不需要防范风险的，只需要大胆的疯狂的买入，不顾一切地买入，把所有的钱买入，因为客观上此时就根本没有风险。如同中国北方地区夏天六七月份供热公司的锅炉是完全关闭的，供热公司根本不需要防止六七月份来一股寒流来供热。如果某一个供热公司六七月份的时候还点着火防止出现寒流，这不是防范风险，这是在浪费资源。

大部分投资人包括霍华德·马克斯认为，没有绝对无风险的时点和状态，他们认为资本市场永远只是不确定的，永远是随机的，如果市场永远是不确定的，完全没有确定性，投资分析就毫无意义，理性也没有用武之地，投资和赌博就没有质的差异。真实的事实是估值水平波动过程中，总是伴随着风险和机会此消彼长，如果股价持续上涨，估值水平无限提升，本质上是机会越来越小，风险越来越大，下跌的确定性走向并达到100%。反之股价下跌机会越来越大，上涨的确定性走向并达到100%。股价从高位跌下来，本质上是机会增加风险减少的过程，到了价格跌到历史极限低点，此时风险完全归零，风险没有了，剩下唯一的是机会，机会变得无限大，这个时候拐点和转折就发生了。

人类社会，自然界都是周期性变化的，拐点是周期性变化的关键要素。拐点为什么总会来临和发生？当风险和机会两个变量同时存在着，就不存在拐点。拐点就是风险和机会两个因素有一个消失了，只剩另一个因素，由一个因素决定未来走向，这个单一因素决定走向的时点就是拐点。

4. 当确定性来临时大众认为到处是不确定性

绝大部分人认为，世界在任何时候都不存在着绝对的确定，根本就没有某一个时刻，某一种状态会演化出绝对确定，绝无风险百分之百确定的情况，这不是事实，是一种主观错觉。当过山车高速运动，乘客头朝下脚朝上的时候，这时乘客掉不下来是一个绝对百分之百的有把握的确定性，这是由物理学基本原理决定的。但在主观层面当乘客头朝下，他的内心恐惧极了，惊恐地大叫，乘客认为自己处于极端的危险和不确定中，这是一种由动物本能导致的错误反应。任何学过中学物理的人都知道，当过山车速度足够快，过山车在乘客头朝下的那一瞬间，重力被离心力消耗掉，人处于绝对的安全之中，是不会掉下来的。人在过山车中感到的恐惧和危机是纯粹的主观错误感受，乘客感到的极端危险、感到的不确定和掉下来的风险是完全不存在的。这种感受只不过是人性本能导致的与客观事实完全相反的主观错误。

当资本市场确定性出现时，市场参与者的认知和过山车上乘客的认知是一样的，他们会产生极端的恐惧，他们认为自己处于史无前例的风险中，他们疯狂的卖出自己的股票。在客观上无风险的时刻，在最应该买入的时候，他们却认为是风险最大的、最应该逃离的时候。在所有的投资人疯狂的喊确定性已经消失，风险无处不在，一切都变得不确定时，不顾一切地大规模买入必然造就最后的成功。2013 年贵州茅台非理性下跌的过程中，很多投资人（包括绝大部分机构投资人）都疯狂地卖出贵州茅台股票的行为与过山车乘客的认知完全一样，当时的下跌不过是创造越来越确定的绝对的安全边际，没有任何实质风险，整个下跌过程从始到终都是创造越来越大的机会。然而，人们的主观世界产生的却是无以复加的恐惧和无以复加的非理性抛售，当时我不顾一切地买入，买入，再买入，为了获得买入资金，我开始借债！也许这正是股市有趣之处，大多数人在毫无风险时认为最危险！大部分认为没有确定性时，确定性最真实！只有极少数人在此时会买入，所有的钱都要买入，不顾一切地买入！因为确定性不是时时刻刻到处都是，而是非常罕见非常少见的，是市场和在社会经济运行过程中维持时间较短的时点，找到这样的确定性是很不容易的，所谓的投资研究、所谓的价值发现就是找这种确定性。确定性的稀缺性特点决定了一旦确定性出现，一定要全力出击下大注，当确定性展现出来时，你下多大注都是合适的。因为那时已经完全没有风险全是机会了，应该集中全部的力量全力出击、不留后手。此时防范风险是画蛇添足，是没必要的，如果确定性出现时，你哆哆嗦嗦只买了一点儿，那么最终也不能因为找到确定性而获利。

5. 大众情绪不能改变确定性

2015 年夏天，我在北京与华人投资家李录先生见面，对投资进行了交流，交流过程中李录先生对我说，“宝珍，投资过程中切记有三个问题，第一不能急，第二不能变，第三不能轻易地使用杠杆。一急你就乱，一乱你就不尊重规律原则，不尊重规律原则，自然就不能成功，而且你也不能变，不要轻易做出决策，一旦做出决策就持之以恒，坚持到底，中间不做变化调整。第三你也不能轻易使用杠杆，因为股价并不是由你决定的事，由市场大众中的别人决定的，你不知道别人是怎么想的，你可能是理性的，可是大众不理性，不理性的人能不理性到什么程度你是不知道的，这样的话你就相当于把自己的命运交给了别人。”

李录先生的这段话我非常有体会，因为我自己确实不太理解别人是怎么想的，这也是我被迫裸奔的原因，我认为市场中的大众都应该基本上按照基本的价值和理性来思考问题，事后的经历使我认识到完全不是那样的，所以李录先生说的，你不知道别人是怎么想的这句话是真实的，但是无法揣摩和预知的疯子一样的大众情绪真的可以为所欲为吗？

我一直在思考这个问题，我认为市场大众固然在一段时间里情绪不正常会使股价出现离奇的高估和低估，但是最终决定股市走向的不是市场大众，而是价值规律。资本市场是人参与的，因为有人参与，要比自然界的春夏秋冬的变化幅度更大，更难以预测，不确定性更高。但是这只是增加了资本市场这种有人参与的社会活动的波动幅度，不确定程度无法改变价值规律决定的基本走向。而每一次下跌时，人们都认为股市要跌没了，每一次上涨的时候人们都认为股市要涨到天上，永远的大牛市要开始了。但在现实中从来没有出现这种情况，所以即便有人参加，其实还是受到规律的约束和控制，当然我们说人参加的社会现象，它的波动的不确定性更大一些而已。

以上就是我对投资人关于不确定性的思考，以及我用挖掘、发现、占有确定性，相信确定性能够最终克服不确定性，来应对不确定性的思想和原则。

历史上古今中外的资本市场从来没有出现跌没的情况，跌到一定程度，总会自然而然的反转！这种客观现实证明了一点，人的主观情绪、主观愿望不是价格的唯一决定因素，尤其不是价格方向性变化的决定因素。价格在两端方向选择的根本决定因素不是人的情绪，在人的情绪和认知之外还有一个价格的决定因素。这个决定因素就是客观的价值，价值给股价波动划定边界，它在中间沉默，在两端一言九鼎、一锤定音！在极端的边界地区，在波动范围的框架两端，价值会强有力地出现，并主宰价格的方向。为了说明价值与价格的关系，我借用中国古代哲学中天理和人欲的关系，价值是天理，价格是人欲。价值决定了根本的变化方向，价值才是真正的主宰。而价格作为人的情绪和认知，它是人欲望的表现。资本市场上价格的整个变化过程只不过是人欲与天理的争斗。人的欲望认为自己是无所不能的，没有其他力量可以约束控制。人的欲望否定在资本市场上有一个看不见的内在价值，否定这个内在价值根本的决定了股价波动的方向！事实是，股价的变动方向由两个因素决定的，一个因素是人的情绪和欲望，另一个是作为天理的内在价值，并且二者有一些相对的分工。内在价值在两端负责划定边界，而人的情绪和认知主要是在中间发挥作用。

资本市场上所谓的动荡和不确定是表象，在表象背后的本质层面有一个永恒的天理决定着一切，在这个天理决定下，资本市场上再大的框架逻辑规则层面都是绝对确定的，是决不会脱序，绝不会出现跌没了和无限上涨，涨到天上的情况！资本市场既有确定性又有规律可循。在这种信仰和认知的决定下，价值投资就会越跌越买，因为跌得越多价值越快发挥决定意义，价值登场的时间越近。

第八章

向芒格提问：投资最重要的是理性

1. 我向投资大师芒格的提问

2018年4月，《证券市场红周刊》计划在伯克希尔股东大会期间采访投资大师芒格先生和华人投资家李录先生，但是苦于没有联系渠道。于是，我就自告奋勇地说，“我可以联系李录先生，通过李录先生再联系芒格先生，争取促成此事。”我告诉《红周刊》：“我与李录先生因为一家上市公司结识，我们之间有过多次交流，2015年我到北京大学光华管理学院做演讲也是李录先生推荐的，所以我可以做信使。”不久，我把《红周刊》的采访函和我撰写的一封信件递交给李录先生，李录先生很快给我打来电话询问《红周刊》的具体情况，我如实地向李录先生进行介绍。李录先生告诉我，他会和芒格先生商量此事，有结果后会通知我。过了几天，李录先生电话回复说：“我刚刚跟查理吃过饭，芒格先生欣然答应《红周刊》的采访。”我非常高兴，放下电话立刻就转告《红周刊》主编谢长艳女士，于是这场关于芒格先生和李录先生的专访就这样敲定了。

5月初，伯克希尔·哈撒韦股东大会期间，《红周刊》专访了芒格先生和李录先生，本次专访历时两个多小时，并最终以视频和文字两种形式呈现。与之前我所看到的其它媒体采访芒格的视频相比较，《证券市场红周刊》的采访质量是最好的，内容丰富、思想透彻，李录先生与芒格先生十多年交往形成的亦师亦友的关系，使李录先生成为芒格思想和价值观的传人。李录先生和芒格先生就所提问题从多个角度给予深入浅出的解答，可以说芒格先生和李录先生联袂接受专访，是本次专访质量创新高的关键。

本次采访芒格先生，《证券市场红周刊》所提的问题共有15个，其中有6个问题是我提出的，这6个问题分别如下。

第一个问题：美国曾有议员问格雷厄姆：“是什么力量使价格最终回

归于价值呢？”格雷厄姆说：“这正是我们行业的一个神秘之处。对我和对其他任何人而言，也一样神奇。但我们从经验上知道，最终市场会使股价回归于价值。”格雷厄姆先生没有给这个问题提供答案，导致价值投资理论大厦缺少了最重要的一根支柱！芒格先生您能给出这个问题的答案吗？

第二个问题：伯克希尔选接班人的条件是：第一，独立思考；第二，情绪稳定；第三，对人性和机构的行为特点有敏锐的洞察力。请教芒格先生，在这三个条件中，我们自然地得出一种认知，在伯克希尔看来，投资最重要的是人性博弈，是情绪博弈，而不是估值，不是预判企业未来。这种理解对吗？

第三个问题：您提出的以合理价格买入优秀的公司的理念，强烈地影响到巴菲特先生，巴菲特先生说，这让他实现了从大猩猩到人的转化！大猩猩显然是不如人更高级的，格雷厄姆的烟头理论和你主张的以合理价格买入优秀的公司的理念有如此大的实质差别吗？以合理价格买入优秀的公司这个理论为何更高级呢？

第四个问题：您一直很厌恶杠杆，那么如果一个确定性的机会，您觉得可以使用杠杆么？

第五个问题：在投资界，价值投资大师普遍长寿，您和巴菲特先生就是价值投资长寿的代表，您今年 95 岁、巴菲特先生 88 岁。这是偶然的，还是与做价值投资有关？

第六个问题：您刚才提到儒家思想和《穷查理宝典》很多地方是相通的，您也提到了孔子，您和巴菲特的行为方式也像信奉儒家思想的人。那么儒家思想对于投资会起到什么样的正向推动作用呢？

这 6 个问题和其它 9 个问题一起写成问题提纲，通过投资家李录先生一起转给投资大师芒格先生。在将问题交给李录先生时，我给李录先生写了封信，解释我为什么提出这 6 个问题。信的内容如下：

李先生您好！

我所提的问题，是我最近几年所经历的事情启发下的一些思索。2015

年我们在北京见面的时候，我正困惑于只集中持有一两只股票，而且不搞组合，也不搞波动管理这种做法是否恰当，这种做法在中国市场中被认为不专业而受到批评。在与您见面并且交流后，不仅疑虑打消了，也坚定了我坚持自己做法的决心。当下我结合自己的实践产生一个思考：投资人所获得的财富，它到底来自于哪里？国内所流行的观点认为投资人获得的财富是来自于企业的，是客观的企业经营成长所创造的。而我在向芒格先生和您提问的那六个问题中，它们都有共性，就是希望搞清楚投资财富来自于企业还是来自于非理性的市场错误。芒格先生强调理性，不强调知识，如果投资财富来自于企业本身，那应该是知识最重要，但芒格先生认为是否具备理性客观、实事求是、独立思考才是关键投资能力，伯克希尔选择接班人的条件，也没有谈到给企业估值，也没有特别要求此人智力多么出众，学识多么渊博，却反复强调情绪稳定和人性管理能力。基于这些观点，也结合我在过去5年茅台博弈过程中的切实体会，我意识到财富并不完全来自于企业，财富是一个主观和客观的混合物。在创造财富的过程中，市场上绝大部分人的主观情绪波动以及认知错误更容易创造财富。资本市场上的财富和机会总是由主观和客观混合在一起共同形成的。那种认为财富仅仅来自于企业的流行观点，我认为是不完全正确的。一个被主流人群和市场大众错误地看坏的公司才会形成安全边际和投资机会，所以安全边际和投资机会是来源于主流大众的主观认知，错误的评估了客观企业，是客观企业遭到主观认知的错误评价所形成的。价值发现或者说投资机会的把握，我个人体会，在本质上就是发现大众没有发现的真相，是众人皆醉我独醒！或者说价值发现就是在大众都错误地评估客观事实之后，某一个人基于独立思考、调查研究，发现了大众没有发现的真相。在这种情况下，就获得了机会和财富。我还专门举了一个例子，一大盘羊肉被大众当成了白菜而无人理睬，但是有一个人善于调查，品尝了这盘肉之后，认为这盘肉不是白菜，由于价格是大众决定的，所以在大众认为这盘肉是白菜的时候，这盘肉自然是以白菜的价格交易，于是那个亲自品尝的人，他就用白菜的价格买下了一盘肉，当他买下的时候，他就获利了。什么时候大众的情绪从错误中挣脱出来，重新认识到这是一盘肉而不是一盘白菜的时候，他就兑现了，而这个大众情绪改变的过程是很难预知的，投资人要承受这个过程。

在这个案例中，站在投资人角度说这盘肉有没有投资价值是一个病句，这盘肉对于消费者和生产者当然有一个客观的内在价值，但是纯粹的一盘肉对投资者是没有办法确定有没有价值的。这盘肉对于投资者能形成机会和价值，必须是以主流大众把这盘肉当成了白菜，此时理性的投资者才有机会。大众误判和企业基本面健康是机会的共同前提，二者缺一不可。纯粹的企业基本面健康和成长是不能必然形成投资机会的。能发现这个机会，需要投资者始终保持理性，实事求是地思考分析和调查研究，认识到这个大众没有认识到的真相。

从这个意义上讲，无论机会本身，还是对机会的发现与占有，它实际上就是一个主观和客观互动的问题。投资机会的本质是市场大众不能正确反映客观企业，低估了客观，价值发现是少数人通过独立思考和调查研究发现了被大众错误理解的企业客观经营真相。投资价值是主观和客观的混合物。我在上一次提问中问了一个到底财富来自于客观，还是来自于心灵。其实那个提问我没有说清楚，应该是问："财富到底是来自于纯客观的基本面和企业，还是来自于市场大众对企业客观基本面错误的理解？财富的把握是纯粹的理解客观，还是既要理解客观又要理解主观？"

我个人在投资茅台过程中，发现茅台出现极其罕见投资机会的原因，主要是社会大众丧失了基本常识，出现了全面的恐惧以及恐惧的传染，当时国内由于老百姓痛恨腐败，但是媒体又不能公开指责腐败，所以通过指责茅台来表达自己的意见，加上茅台偏于西南一角，没有像其它企业一样花钱来平抑舆论，所以导致舆论无限放大。这样，大众机构和个人投资者在强烈的一边倒的舆论压力下，理性思维失掉了，无意识的从众爆发了，这就是这一次罕见投资机会出现的根本原因。没有大众的恐惧，情绪的全面悲观，就根本没有那罕见的机会。从这个意义上讲，企业的质地当然是关键因素，具备竞争优势，有护城河的企业能更好地创造财富，这点毋庸置疑，但是在投资过程中，超额收益不仅仅由企业的客观基本面提供，人们主观认知的偏差和情绪的起伏更为重要。

有了这个判断，投资能力就不再是一个认识客观的认识能力，或者是由知识支撑，它是以知识为基础的，由人的独立思考能力、调查研究精神，以及对自我人性的管理能力，而且还是一个坚持己见或者叫知行合一的能力组成的。在自己的认知没有被大众接受之前，不动摇的坚持自己的认知，这个能力才是关键的能力。这是我在这一次向您提问中的核心观点，也是我最近几年求索过程中的一个心得。

我个人一开始搞不清楚价值的来源，认为价值是企业成长带来的。通过 2013 年至今 5 年漫长的摸索，我逐步认为企业成长固然是价值来源之一，但人的主观认知对企业客观状况的错误理解也绝对不能忽视，二者不可偏废。尤其是对客观企业的认知，在创造投资价值时，比客观的企业成长作用更大。假如认为投资价值主要是客观企业的成长，那么对价值的把握、价值的发现就变成纯粹的研究企业的过程，投资能力就变成了单一的认知能力、研究能力，知识和学历成了投资的关键能力，但事实上并不是这样。芒格先生反复强调理性，反复强调客观，反复强调实事求是，不偏颇，讲的是在应用知识分析解决问题时对内心的调整和控制，认知能力和知识能够被有效应用是有前提的，这个前提就是我们中国儒家所反复强调的：正心、诚意、格物、致知。这么多年来我在求索的过程中，越来越发现投资人最终不能成功主要是心不正，不能做到冷静客观，不能做到平静，不能把自己的精神状态始终放在公平、公正、实事求是的状态。要么急于求成，要么患得患失，要么想超越别人，一鸣惊人，正是这些不正确的情绪导致不能成功。投资成功过程中，最大的困难是克服这些情绪。克服这些情绪跟知识是没有关系的，人的这些情绪属于动物本能。动物性让我们过度贪婪，急于求成，想超越别人，而在相反的状态又患得患失，惧怕失败，极端恐惧，这些情绪是不能取得成功的关键原因。

人是高级动物，动物有七情六欲，有贪婪和恐惧，有急于求成等一系列动物本能导致的情绪和缺陷，不克服掉这些缺陷，就没办法理智的思考。所以成功的投资就变成了克服这些情绪状态，而克服这些情绪状态被芒格概括为理性、实事求是。而在中国传统哲学上，就认为这属于正心、诚意、格物、致知，只有冷静、客观、公正、无私无欲，你才能够实事求是的分析公司，否则知识和分析能力没有用武之地。正是这样一种动物本能导致市场常常出现非理性的错误高低估。错误的高低估不是企业造成的，人们由动物性所导致的过度悲观和过度乐观制造了高低估，制造了风险和机会。风险和机会常常来自于人的动物性，对风险和机会的把握就是完全克服自己的动物性。要把握机会、规避风险，需要使我们自己的内心没有动物性，消除动物性，这就是芒格先生概括的用理性来控制自己与生俱来的，潜藏于内心深处的动物性。

此致

敬礼！

董宝珍

问题通过李录先生交给芒格先生后，芒格先生对我提的 6 个问题都做了耐心细致的回答，其中涉及理性、核心投资能力、估值修复的内容对我启发很大。我将芒格先生的回答和我的体会发布如下：

在回答为何理性在投资中最重要，而不是知识、智力最重要时，芒格先生说：

“绝对是理性最重要。什么是理性呢？**理性就是实事求是。而绝大部分人看世界，是看到自己希望看到的，如果这样，就像通过变形的眼镜看这个世界，有多少知识、耐心都没有用。因为你看到的世界就是脱节的，没有理性的态度，其它都没有用。**你必须用心、努力去做到理性，而且你必须重视、在意理性。如果你自己都不在乎，就不会努力去做到理性，那你可能就一辈子不理性，那么，必然会承受糟糕的结果。成为理性的人也是儒家的态度，就像孔子所说，是道德上的责任，而不仅仅是为了个人的利益而成为理性的人。我会比其他人更进一步。”

芒格把各种素质对投资的重要性做过排序，第一重要的是理性，第二重要的是专注，第三才是专业知识和智力。芒格先生没有把知识、智商视为最重要的核心能力，他所视为的最重要的核心能力，其实是非知识的、非智力的保持理性能力。芒格说理性是最重要的投资能力。巴菲特也表达了同样的思想，**巴菲特说：“投资必须是理性的。我们没有必要比别人更**

聪明，但我们必须比别人更有自制力。很多人比我智商更高，很多人也比我工作时间更长、更努力，但我做事更加理性。你必须能够控制自己，不要让情感左右你的理智”。这句话和芒格说的理性要比知识智力更重要一样，只不过表达方式有差异，巴菲特说很多人比我更聪明，也比我更努力，但是他投资不成功。因为他没有比我巴菲特更理性，我巴菲特的成功主要是能保持理性。巴菲特和芒格一样把理性作为最重要的投资能力。

芒格先生的回答，我作为问题的提出者，完全知道芒格先生所表达的每一个字背后的丰富含义和巨大价值，但是普通投资者不是问题的提出者，可能对芒格先生的回答理解不透。芒格先生话语中包含着丰富的巨大的真知灼见，所以我把自己得到芒格先生回复之后的体会以及感悟写出来，以便大家借鉴。

2. 人有非理性和理性两个决策中枢

什么是理性？这是一个非常抽象的问题。理性是人和动物区别开来的决定因素，就本质上看，人 = 动物性（与猪、狗一样的动物本能）+ 理性。人如果没有理性，与猪、狗没有差别，人与其他动物的差别就是有理性。为了能具体地理解什么是理性，我们先来看一下理性的对立面是什么。理性的对立面当然是非理性，理解了非理性自然就理解了理性。那么什么又是非理性？非理性是人这个物种解决自己所面对的问题时，按照本能行动的一种行为方式。比如人看到了财富就会无限贪婪，想尽一切办法占有，虽然我们已经用不了那么多，这种贪婪心是一种本能的反应，一般情况下，人不加以努力克制，很难控制这种贪婪心。又比如投资人看到股市下跌，自然会产生恐惧，这种恐惧会让我们在恐惧情绪的支配下，不顾一切地卖出、逃离，大部分人不能抑制这种恐惧。再比如人遇到不顺心的事情会非常恼怒，与其他人产生矛盾时，有时候产生暴怒，不顾一切地攻击对方，而不诉诸协商以及通过沟通解决问题，这些都是非理性。**非理性概括其本质含义，就是人作为高级动物，按照动物本能应对各种事情。这种非理性的行为并不是基于大脑对环境和问题的分析，也不是立足于长**

期，立足于本质，而是被所处的环境或者所遭遇的事情刺激起来的动物条件反射及一系列本能反应驱动的行为。

如果我们熟悉生物的进化史会知道生物已经产生了几十亿年，动物已经出现了十几亿年，动物出现的这十几亿年里，一开始动物都是单细胞生物，后来发展成多细胞生物，多细胞生物又发展成有各种器官的生物，理性思考的器官大脑是在动物产生十多亿年之后才被进化出来，大脑进化出来前有至少 10 亿年的时间动物都处于无大脑的状态，完全靠生物本能反应来应对环境，无大脑的生物也能跟环境做能量和物质的交换，也能躲避天敌，捕食其他动物。今天海洋里的海参、海葵、海胆等动物都是无脑动物。海胆是一种圆形的小型海洋动物，其身上有尖锐的刺，海胆没有脑，它们捕食海星、狼鳗和许多其它小型水生动物。海葵也是无脑动物，它用自己的触手捕食猎物。也就是说，生物进化史告诉我们，动物在没有大脑的情况下也能跟环境互动，也能捕猎，也能躲避猎物追杀，在大脑这个理性思维的器官出现之前，动物有效的应对了捕获食物、躲避天敌的这样高难度的工作。在没有大脑参与的情况下，完成了吃喝拉撒睡，完成了更高难度的捕食、躲避天敌和繁衍。那它们是怎么做到的？就靠身体内部的基因控制的本能来完成的。漫长的无脑历史使得动物身上进化出一种本能，这些本能可以让动物躲避天敌、获得食物、繁衍后代。这些本能是存在于动物的基因中，每当动物遇到环境的挑战，需要动物做出反应时，动物在基因控制下，体内会分泌出某种激素，这种激素驱动了一系列化学反应，人在这些化学反应控制下，采取某种行动以适应环境。比如人感受到危险时，在基因控制下，体内会分泌恐惧激素，在恐惧激素控制下，人会飞快地逃离，逃离的过程完全没有大脑参与。这种由本能控制的逃离在今天的人身上仍然存在和发生。我们在股市下跌时，产生恐惧后本能的卖出，就是恐慌激素控制下的没有大脑参与的本能过程。

人的大脑被进化出来以后，人能靠大脑的抽象思维、理性思考能力处理生存问题，捕获猎物，躲避天敌。比如捕猎陷阱的出现就是以大脑的出现为前提，没有大脑进行理性分析，人类不可能用陷阱来捕猎。**问题是大脑出现后，在漫长时间中所进化出来的本能生存技能依旧存在于人身体**

内部，于是这就导致人的身体内部有两套决策系统。一套是由漫长的自然进化所形成的本能，这一套本能行为决策系统不需要思考，只需要给他输入一个条件，本能就会被自动激发出来。比如人感觉到有危险的时候，那一套避免危险的本能系统瞬间被激发出来，人会本能的疯狂逃离！另一方面，由于有大脑，有时人在感觉到危险时，可以思考一下这个风险到底是什么原因造成的？有没有比本能逃离更好的应对方法？

我们今天总是批判非理性，认为非理性是不好的，理性是好的。但是实事求是地说，在几十亿年的生命进化过程中，用动物本能应对环境是动物最先获得的能力，大脑的理性思考是后来才产生的。非理性本能应对环境占据了动物进化史的 90% 以上的时间，在漫长的进化过程中，人的很多本能都是有效地保护了人的生命安全和进化。比如恐惧这个非理性情绪，在人类进化过程中，对人类的保护作用是非常巨大的。那些不知道恐惧没有产生恐惧情绪的原始人遇到危险环境时，不懂得逃离，因为他没有恐惧感，最后被危险所吞没，丧失生命。今天我们人类都有恐惧感是因为那些没有恐惧的人被自然环境淘汰掉了，他们的生命就消失了，没有留下后代。在远古资源不足，食物不足，所以那些不贪婪的原始人，没有足够的食物储备，那些有贪婪心的原始人不顾一切地占有资源，为未来储备了足够多的食物，活了下来，自然选择让这种有贪婪心的人活了下来，所以现代人都有贪婪的本能。在股市上，恐惧和贪婪总是被视为不好的品质，然而在生物进化的历史上，贪婪和恐惧保护了人类进化，促进了人类进化。从这个意义上讲，非理性的动物本能资格老、贡献大！正因为非理性的动物本能资格老、贡献大，因此克服非理性的动物本能是非常不容易的！

至此我大体阐述完了什么是非理性，什么是理性。**非理性是人用动物本能应对环境的变化和所遇到的事情。理性是用大脑通过分析思考、调查研究来应对环境和所遇到的事情。**

3. 理性不是自然就有，而是努力的结果

人的身体内部先进化出了本能，本能独占对身体和行为的支配权很久

以后，大脑被进化出来，在大脑进化出来后，本能并没有消失，于是到今天人的身体内有两套决策系统：本能的决策和理性思考的决策。

这两套决策系统出现了一山二虎的情况！两套决策系统到底听谁的？答案是一般情况下，人首选的是本能支配行为，理性并不是首先登台，或者说在初始的默认状态下，支配人行为的不是理性，而是本能的非理性。**当我们遇到股市下跌的时候，我们并不首先理性的分析，而是会首先感到恐惧，我们只有控制住这种恐惧才能够理性的分析，而大部分人控制不住恐惧。所以理性的思考和分析并不是第一顺序的行为决策者，理性是一个副总统、副总指挥。**为什么会出现这种情况？答案是人的理性存在于人的肉体上，人的理性是搭载，寄存于一堆肉上面，这一堆肉是理性的聚集地。由此人的理性受到了人的肉体的约束、限制和干扰。人的肉体有一个特点，如果你不给它输入食物、能量，肉体就会死掉，理性面临无家可归的困境！人的肉体生存条件极其苛刻，每天都需要粮食，每天需要适宜的温度，本身还有动物的欲望。而肉体得以存续，理性才能存在，所以人的理性受到了肉体的约束。**在人的肉体的基本需要没有满足前，理性思考和理性原则要让位于维持肉体的存在。理性的原则决定了人不能吃人肉，但是如果人到了快饿死的时候，会发生易子而食的情况，这个时候理性就让位于肉体的生存。**

没有肉体存续，人就会失去一切，由此人有一种以无条件维持肉体存续为最重大事情的本能，本能地想尽一切办法保证肉体存续。比如说在远古时代就打了一只兔子，两个人要吃，那么有一个人他比较谦让，这个人因为谦让就饿死了，就被大自然的自然选择淘汰掉了。另一个人非常贪婪，甚至非常野蛮，当他发现只有一只兔子时，他首先抢过来就吃，根本不会谦让！并且即便发现有 5 只兔子被打到了，他也自己一顿饭吃一只兔子，并不分给其他人，而是贪婪的全部占有，不顾别人死活，因为他觉得明天还要面临吃东西，所以他要保证明天有食物。这样的人极其粗野，极其的贪婪！但是自然选择恰恰让这种人活下去了，这种极其贪婪的做法能保证肉体的生存。这就是人具有贪婪的人性特征的缘由，**肉体存在需要持续的物质和能量的输入，而物质和能量的输入不是天天有，那么要想保**

证稳定的肉体所需要的物质和能量，你就讲不了那么多情义礼节，就必须极端贪婪。出现在人身上不文明、不理性的动物性，都是为了维持肉体能活下去，这是进化过程中产生的。他为了活下去，他就要贪婪，他就要残忍的对待同伴，他就要抢夺同伴的食物，这是人需要无条件维持肉体活下去的必然结果。人的所有非理性的特征都是在进化过程中，要维持这个肉体的存续和存活所必需的，你彬彬有礼，谦让，你就活不成，因为早年进化的时候搞到食物是非常不容易的，人与人之间要得到食物必须进行争夺，贪婪的、野蛮性的人才能得到食物。现代社会所出现的国家与国家的战争，以强凌弱，以大欺小，包括人与人不能友好相处，在分配资源时过度贪婪等等问题，都是人为了维持肉体存续，在进化过程中形成的人的本能引起的，这种本能构成了人性。每一次金融危机都是由人的非理性导致的，如果2008年不是人们过度贪婪地在次级债上面大规模投入，不是把美国房地产价格推到泡沫水平，就没有2008年金融危机。所以出现把房地产推高的泡沫，所以出现了质量很差的次级贷的大规模流行，主要是**人们过度贪婪，想尽一切办法无限制的攫取利益，这种过度贪婪来自于人的动物本性，而正是这种过度贪婪制造了危机，所以每一次金融危机都是人性危机。如果每个人都能理性，是不会发生金融危机的！金融危机的频繁发生证明人不是自然理性的！理性不容易获得！**常态情况下人总是处于非理性状态，而不是理性状态。

人的理性是建立在人肉体之上的，理性寄居在肉体之上，非理性的首先获得人的行为支配权，理性不能自然的首先获得行为决策权，理性只有努力才能从非理性的动物本能手里夺回人的行为支配权！人不是天生就有理性的，人的理性是建立在非理性的动物性基础上的。本能和理性如同一辆汽车上的两个驾驶员，他们不能同时控制方向盘，任何时候只能由一个主体获得驾驶权。**由于理性寄居于肉体之上，理性受制于动物性，用于满足肉体需要的动物本能更容易控制人的行为。在本初状态，人遇到事，首先获得处理权的是本能，而不是理性，理性只有努力控制本能，才能获得对人的行为的控制权和对所遇到事情的处理权，不加努力，人是不能自觉的理性行动的！**比如理性的原则告诉我们，人要勤俭节约，要勤劳，要节俭，但是现实中的人大部分都想不劳而获，都是贪图安逸，甚至好吃懒做的，为什么出现这种情况，就是因为人本初状态下是由动物性控制的，理性需要努力才能控制影响人的行为，在原初状态下控制你行为的都是非理性的动物本能，而不是理性。

要让理性控制我们的行为，理性地看待问题，理性的决策、投资，首要的任务是抑制动物性，抑制人本性。理性不是招之即来，理性是努力的结果，只有克服了身上固有的动物本能，不让动物本能控制、支配你的行为，才能够理性地处理各种问题。事实证明做到这一点非常难。

在西方思想界有一个著名的理性人假说，认为人生来就是理性的，不用努力就是理性的，理性是一种自然的结果，因为你是人，所以你就理性。这个说法非常流行，但实际上这既不符合现实，更不被价值投资者承认。如果人生来就是自然理性而且永远理性，那就会导致全世界每一个人都是圣人，每一个人都是杰出的投资家，每一个人都不会犯错误，每个人做出的任何事情都是恰到好处，事实是这样吗？当然不是！世界上任何一种文化和价值观都强调人要保持理性，理性行动，如果人天生就自然理性，时时刻刻理性，人们就根本不需要主张保持，就像我们不会教育一个母亲去热爱她的孩子一样，母亲爱孩子，用自己的生命来保护孩子是人固有的自然能力。但是我们会不断地教育人去孝敬父母，因为孝敬父母不是我们本有的能力。凡是各种思想文化所主张、所宣扬的都不是人性本来固有的，这种主张和宣扬是用一种文化理念来克服人固有的非理性，使人的行为理性合理！人类任何文化都宣扬谦虚、谨慎、与人为善、助人为乐，之所以把这些作为文明、文化的标准，就是因为这些并不是人的本有状态。有效市场理论的那些观点，虽然大部分被写进了教科书，但是和事实不一样。如果理性是本来就有的，那么芒格、巴菲特不可能把理性作为关键的投资能力，一个生来就有的本能根本不算能力！只有有一定的难度，甚至非常难才能被视为重要的能力，如果谁天生就会，那就算不上能力。以克服人的动物性来说，人的动物性就是在基因控制下分泌出的一种激素，这种激素让人本能地去行动，实际上很多吸毒的瘾君子之所以不能戒毒，就是因为体内发生了一个类似于激素产生的过程。吸毒的瘾君子戒毒的不易，就是做到理性的不易。在激烈动荡的股市环境中，维持理性的难度不亚于是吸毒者戒毒。吸毒者戒不了毒的原因就是毒品在体内发生的化学反应制造出情绪，人的主观意志是很难控制这种物质性化学反应的。获得理性，保持理性是一种能力，不是先天固有的。换句话说，不理性是本能，凭情绪办事，凭想当然办事，凭欲望办事是本能。遇到事情始终冷静的思考，冷静的分析，然后不让情绪控制自己，不情绪化的办事，这个不是本能，这个是一种能力，是需要通过学习、磨炼、积攒、提升、总结之后才能获得。不努力是完全没有可能做到的，理性人假说是错误的！

最近几十年，学术界和投资界崛起了一个新的学说，叫作《行为金融学》，这个学说发现投资人在决策的过程不是按照理性来决策的。《行为金融学》列举的数量众多的非理性决策的证据，对这些证据中所包含的规律以及生成机制进行了分析，最后得出结论，大部分投资人的投资决策与有意识的思考无关，而是出于感觉、冲动和本能，而且这很难被纠正。《行为金融学》用大量的事实证明了大部分投资人在大部分时间的决策是非理性的，只有极少数人会始终保持理性，而这极少数始终保持理性的人就是杰出的投资者，大部分人因为总是用非理性的本能决策，所以成了输家。《行为金融学》的提出与发展，证明理性人假说以及有效市场理论是错误的，投资人应该高度重视《行为金融学》的理论成果，其对保持理性意义重大！我在此处不再赘述。

4. 本能只能应对眼前，理性才能遥看未来

今天人身上的很多动物本性不再体现为有利，是因为我们的生活工作方式变得和原始人不一样了。以投资来说，它是一种跟人类进化史上所面临的各种问题截然相反的活动。人类进化的 99% 的时间段里，所有处理的课题有一个共性，那就是所遇到的问题都是眼前的问题，躲避天敌、躲避猛兽，人类的所有本能都是在应对眼前的挑战中形成的，本能在应对眼前挑战时有优势。比如我们听到一声非常巨大声响时，人会第一时间抱住脑袋逃离，这一个本能远比分析思考更高效、更合理，因为一声巨大的声

响，有可能是一栋大楼要倒塌，你去研究、分析、思考的时候，这栋楼倒掉了，你的生命被终结了，以抱头鼠窜的方式离开是最合理的，万一它是一次危险，你就保住了生命，当然它不是危险，你并没有什么大的损失。但是在股市遇到恐怖的消息和急速的下跌时，眼前的急速下跌和所谓的不利消息使我们的本能发作，投资人会非理性的低价卖出股票，不幸的是，与人类进化史上的情况不同，在股市中，如果你在本能的驱动下低位卖出股票，你的损失就非常大。

现代投资与原始人的工作性质发生重大改变，投资是分析未来，预判未来，研究未来，正像企业价值的含义是企业未来长期现金流的折现，评估价值必须预测企业的未来。人类的本能没有预测未来的功能，预测未来是本能所完全解决不了、不能胜任的。只有处于理性之中的大脑才有突破现象看透本质，从而预测未来的能力。处于理性之中的大脑不完全以眼前感知到的现象作为行动的指挥棒，而是思考现象背后的本质是什么，未来长期变化是怎么样。处于理性之中的大脑超越了眼前现象，可以看到抽象的本质和遥远的未来，并基于本质和未来的长期结果支配人的行动。这就是处于理性之中的大脑的思维能力所具有的优势和特点。遇到事情，处于理性之中的大脑进行分析思考，透过现象看本质，基于本质预测未来，以未来长期利益最大化来指导自己的当下行为，就是理性的行为。反之，以动物本能随着眼前局面变化，靠动物本能行动就是非理性！这是理性和非理性的差异！

投资的本质是预测企业的未来，这样一个工作性质决定了投资人所有的行为必须百分之百不能按照动物本能来行动，必须百分之百按照大脑的理性思维来预测、分析、判断企业的未来，因为本能不具有思考未来的能力，大脑中的理性才能判断未来。由此我们得出一个普遍结论，投资的核心及首要问题是控制你的行为不要被本能所驱动，让大脑的理性百分之百、时时刻刻控制你的行为。从这样一个意义上讲，投资从一开始就是反人性的，投资的重要课题是控制人的动物性，让自己的行为始终由大脑控制，由理性思考、理性分析来决策，这就是芒格、巴菲特反复强调的投资最重要的能力是理性的原因！投资是预测未来，因此就不能用只能够应对眼前现象的本能来处理任何投资问题，能胜任预测未来工作的只有理性思维。然而不幸的是，人这个动物体内有两套决策中枢，有两个司令部，而且两个司令部中，理性只是副司令，动物本能和非理性是总司令。在这种情况下，投资人必须让理性这个副司令在处理投资问题时将总司令的权力剥夺，让理性成为投资决策的总司令。理性作为副司令，剥夺总司令的权力，获得投资行为的控制权，投资人要战胜的是人的基因中存在的本能，这个战胜的过程就相当于瘾君子戒毒，因为本能的发作机制是基因控制下人体内产生的某种激素，激素激发了人体内一个物质性的化学反应，这些化学反应作用到人的身体器官上，支配人的行动。要控制本能，就要抗拒这种物质性的化学反应，这个工作的难度跟一个吸毒的瘾君子戒毒是一模一样的，吸毒者所感受到的那种虚幻的感受，也是物质性的化学反应所造成的，人的精神和意志克服这种物质性的化学反应确实是非常之难的。这如同大部分人很难在严刑拷打下坚持自己的信念，严刑拷打这种物质性伤害，人的精神意志极难克服。

我是在 2018 年 10 月写这篇文章的。中国股市在 2018 年国庆节后的两周最大跌幅 15% 左右，此后的两个交易日，中国股市又上涨了 6%。这种暴跌暴涨的变化跟中国基本面有关系吗？难道中国基本面在两周之内就发生了如此大幅衰退又急速上升吗？当然不是。这种市场上的暴涨暴跌完全跟基本面没有关系，而是投资人本能的动物性发作了。2018 年国庆节之后因为某种原因，中国股市到处传播的都是悲观、衰退、绝望、焦虑。然而几天之后，局势就变成了猛烈的上涨，这种激烈的变化是市场上大众的人性本能先非理性恐惧、焦虑，之后非理性本能快速消退。我的一位朋友把自己在美国股市的所有投资都卖出，乘着中国股市到处弥漫的焦虑大规模买入下跌的中国股票。这位朋友长期生活在海外，他其实对国内情况并不很了解，但他坚持认为中国经济基本面没有什么变化，如果基本面每天都在剧烈变化，就不叫基本面了。市场上发生的下跌只是因为人的情绪，中国这种体量的大国，它的发展势头都是以 100 年计算的，改革开放以来才发展了 40 年，连一半都不到，因此未来中国的经济将继续加速发展。我朋友在大部分人的动物性爆发后，保持了用理性思考，从而获得了回报！投资能力是在所有的人都本能发作，陷入恐惧、焦虑的时候，始终用大脑中的理性处理投资问题。真正的投资能力是对人的动物性的管理能力，管住了动物性，理性思考就会控制投资人的行为。投资表面上看是预测企业未来的博弈和竞赛，本质上是一场看谁能控制动物性，看谁更能控制人的动物性，保持理性的博弈。

5. 理性投资就是不让动物本能支配自己的投资

国内投资界知名人士林园先生在接受媒体专访时说："我每隔二三个月就会搬到另外一个城市生活，我到一个城市不是住酒店，而是住在居民区里，和当地人一样工作、上下班、买菜做饭，融入当地人的生活。我这么做主要是看淡了很多事情。有时候攀比心是投资者的敌人，如果没有攀比心，不受市场涨跌的影响，不受外界环境的干扰，按照自己的计划执行操作，投资会变得简单。我想通过休闲的方式，不再争强好胜，不和别人攀比。不受外界环境的干扰，按照自己的想法操作，投资会变得简单。我不再争强好胜，不再和别人攀比了！"林园先生在几十年的投资实践中取得了成功，在做了几十年成功投资之后，认为自己投资能力进一步提高的关键是去除攀比心。林园把自己投资能力的进一步提升放在了克服自己人性中固有的攀比心，点出了投资能力提升的关键是克服人性。我经历的茅台史诗级大博弈中，最后一批人就是倒在攀比心，2013 年茅台股价跌百分之六、七十的时候，我身边还是有很多同道冒着下跌坚决买入。我最众叛亲离的时间是 2015 年前半年，因为那个阶段茅台的股价没有明显的上涨，但是中国股市全面走牛了，尤其是创业板 2015 年前半年涨了两倍多，上证指数也涨了一倍多。在比较收益不如绝大部分人的情况下，我身边最后的战友迅速减员。他们忍受了股价百分之六、七十的下跌之后没有屈服，但是跨越不了不如人的人性挑战和压力。在别人的股价上涨，自己股价不涨时做出了错误的决策和行动，卖出了最有价值的股票，买入了已经涨了好几倍，处于绝对风险之中的高泡沫股票，最后猪八戒照镜子，里外不是人，两头挨打。在眼前的收益不如人的情况下，就会诱发人性中固有的攀比心这个动物本能，如果这时克服不住攀比心，就会陷入非理性，做出错误的决策。攀比心这种人性本能起源于人类这个群体动物内部的食物分配方式。在漫长的进化过程中，绝大部分时间里，人类的食物和资源不能满足群体中每一个人，长期食物不足，所以弱者被活活饿死，淘汰掉了。在这种情况下，成为一个弱者意味着没有生的机会，这就使弱者有强烈的内心焦虑，这种焦虑驱动他努力的奋斗成为强者。攀比心由此产生，成为人的动物本能，人用紧张的内在情绪强烈推动自己结束弱者地位，想尽办法成为强者。攀比心在人类进化历史上，有利于弱者改变自己的弱势地位，获得生存机会。但是产生攀比心后，人就会用非正常的极端手段去超越别人，这必然陷入不遵守常规和常识的非理性状态。投资者在自己的投资收益不及市场大众，不及他人时，这种动物本能就会被激发出来。投资人如果遏制不住，就会在攀比心的作用下走极端，无所不用其极的想超越别人，从而丧失了理性，走向失败。

风险也罢，机会也罢，大部分是投资人的动物性导致的。那些在恐慌焦虑中卖出股票的人，他们遭遇的风险来自于哪里？来自于市场大众动物性发作、情绪崩溃和非理性爆发的时候，自己控制不住自己的动物性而导致损失。反过来，在低位理性的趁低买入、不焦虑的人，他的获利和财富不完全来自企业，而是来自于控制住了自己的动物性，来自于投资人的心灵特质，这就是我在向芒格提问时，提到的投资者的财富来源于投资者的心灵！回想 2013 年，贵州茅台大跌 60%，那些管理着数亿资金的机构投资者们纷纷在低位卖出，做了不利于自己和出资人的事情。他们所以犯下这样严重的错误，主要就是没有控制住自己的动物性。一定要记住，**投资真正的能力是对自己固有动物性的管理，管住动物性就会理性思考、理性行动。这就是巴菲特、芒格说的投资最重要能力是理性的含义。理性的本质就是控制固有的动物性，控制本能，控制激素。做到理性就是不让人的动物本能，基于眼前的现实表象来支配人的行动，不要让现实刺激起来的本能来控制人的行动，而是利用大脑具有的透过现象看本质，预测长期未来的能力处理问题。把人固有的动物性控制住，不让它基于眼前的刺激本能的发作，然后用大脑来思考、分析事情的本质和长期变化，得出一个符**

合长期变化的结论，指导当下的行为，这就是理性。投资者不能有一丝的感性的动物性，必须时时刻刻在任何情况下控制住动物性，一旦让动物性发作就会立即陷入非理性。一旦出现感性的动物性本能参与投资，哪怕只有一丁点儿，都会引起重大的麻烦。这个问题上，巴菲特提供了一个反面案例。2007 年，巴菲特把他以极低价格买入的中国石油卖出，卖出的理由是石油价格已经超过 100 美元，太高了，巴菲特看不清楚未来石油的价格走向。这个行为是理性的，但是卖出以后不久，巴菲特以更高的价格买入康菲石油，最后在康菲石油上巴菲特亏钱了。2009 年，在其投资生涯的第 44 个年头，巴菲特连续抛售了康菲石油股票，亏掉 26 个亿。在人们问巴菲特为什么买康菲石油以及亏钱的原因时，巴菲特说："我 2008 年做了愚蠢的事情，在康菲石油历史最高价时买入，而下跌超一半时卖出，损失了很多钱。这个"成就"是我投资生涯最大的败笔。我完全犯了非理性的错误，那是一个实实在在的非理性操作。"巴菲特犯了非理性错误，反映了理性是一种努力的结果，而且得到理性并不是一劳永逸的，它随时可能丧失掉。

理性是相对于本能的动物性而言的，当理性被芒格、巴菲特认定为投资最重要的能力后，就等于说和人固有的动物性做斗争是最重要的投资能力。投资最难的、最关键的是战胜人的动物性，即战胜人性！这是投资的核心课题，也是投资最难的课题。这也解释了为什么高级知识分子、受过大学良好教育的人不一定比普通人有更高的投资成功率，因为核心的投资能力不是知识，不是智力，而是理性。有些高学历的人，他的贪婪性更强烈，比如长期资本管理公司的那些诺贝尔经济学奖的获得者，高智商、高知识让他们更贪得无厌，从而会出现知识越多，越是不理性的情况。

芒格说，"理性就是你看到什么就是什么，就是实事求是，不要按照主观的愿望来裁剪事实，来选择性的片面看待事实。"芒格给理性的定义在现实的中国资本市场上有一个经典的案例：

2017 年贵州茅台每股收益增长了 60%，2018 年前半年又在 2017 年高增长基础上增长了 40%。在这种情况下，中国绝大多数研究机构给出的茅台未来净利润增长预测都是将持续的以更高速度增长。市场上出现了一种我称之为“猴皮筋估值法”的现象，那就是股价越涨，研究机构给出的预测净利润越涨，给出的未来增长预期越高。在研究机构基于过去的高增长做出了更高的未来增长预期之后，茅台发布 2018 年三季度季报，第三季度只增长了 3%，2018 年前三季度的复合净利润增长率从前半年的 40%，降到了 20% 多一点，这时研究机构大呼茅台增长严重不及预期。研究机构的情绪从极端乐观快速转向极端悲观，股价因此在 2018 年 10 月 26 日跌停。这一过程极端体现了要做到理性的不容易，也证明了芒格说理性就是实事求是的正确性。

那么为什么研究机构不能做到实事求是呢？答案是研究机构控制不住自己的动物性。当茅台业绩以 60% 的增长率增长时，理性的人应该知道自然法则和经济规律不可能长期支持这样的高增长。60% 高增长一定是阶段性的，一定是短期的，一定是不可持续的，这是经济规律所决定的，不可改变的必然。任何一个懂产业经营规律的人都应该知道，这是再基础不过的常识了。下表是我和助手一起统计出来的茅台销售数据：

贵州茅台销售商品现金流入表

年份	全年（亿元）	比上期变化
2008 年	112.75	/
2009 年	117.56	4.27%
2010 年	149.39	27.07%
2011 年	23.59	58.38%
2012 年	289.12	22.20%
2013 年	332.34	14.95%
2014 年	333.85	0.45%
2015 年	370.83	11.08%
2016 年	610.13	64.53%
2017 年	644.21	5.59%
2018 前三季	576.19	17.83%

数据来源：贵州茅台财务报表。

这个表格是过去 10 年贵州茅台销售商品提供服务的现金流入数据。

在这个现金流入表中，2016 年，现金流入增长了 64%，那一年茅台酒价从地板上爬了起来，渠道信心恢复，于是大规模汇款进货，到 2017 年，销售商品提供服务的现金流入只增长了 6%。换句话说，从 2017 年的现金流入上就已经可以看出，茅台实际销售的增长已明显降低。基于基本的经济原理和经营数据，我在 2017 年底、2018 年初，就意识到高增长不是常态，从而不能持续，于是我在公开场合不断提示风险，希望不要非理性上涨。但我是徒劳的，在提示风险未能得到市场认同后，我开始在 650 元到 750 元之间越涨越卖，直到持股量低到只维持股东身份。根据我统计的数据，有经验的投资者就能看出，高增长已经停滞。但是中国机构投资者和中国专业研究员根本就没做这项工作，他们哪怕只看一眼现金流量表数据，就不至于产生盲目的乐观，他们再稍微用点心，稍微理智、冷静一点就能看到这组数据，然而他们都想拿奖金，都想被提拔，都想靠吹捧茅台实现他们个人的私利，因为他们不客观公正、实事求是，所以看不清客观真相，最后产生了不应有的高预期。在 2018 年三季度数据不及他们非理性的高预期后，他们瞬间从非理性乐观转为非理性悲观。事实上，2018 年真实的现金流入增长率其实比 2017 年的还高一些！最低的现金流入增长率是 2017 年。只要看一下 2017 年现金流入就不应该有高预期了，可惜啊！他们犯下如此低级的错误。

有一匹千里马，日行千里，夜行八百里。来了一群伯乐围着千里马说，我觉得这个千里马将来能日行一万里，夜行八千里。后来这只千里马没做到，一群伯乐就说这个马不行，无法达到我们的良马标准。伯乐要理性客观，不能随意根据自己的主观喜好改变好马的标准！保持客观性是各行各业做好工作的前提！

上千个所谓的最聪明的研究员都一致性的忘掉了这个常识。为什么会忘掉这个常识，而做出不可能出现的更高预期增长呢？因为这些研究员希望高增长，高增长之后，他们可以获得更多的利益，研究员的社会评价、奖金福利，以及职务提拔，都决定于他所推荐的股票是不是最终实现了大幅度的股价上涨。研究员为了自己的工资、福利、提拔，内心强烈的渴望自己所推荐的股票真的能上涨。这种强烈的渴望本质上是来源于人的动物性。人有急于求成，有快速实现自己愿望的动物本能。而很多投资者也同样有这样的快速发财致富的本能。这种动物本能是进化过程中产生的，人急于求成的动物本能和客观经济规律是冲突的。不能控制住动物性的研究员们从自己的愿望出发，希望茅台经营业绩大幅的增长，以便让自身快速成功的愿望变成现实。于是他们在分析研究过程中进行了基于本能的对事实的裁剪，强化那些支持自己愿望的事实，有意回避、无视与愿望不一致的事实，哪怕这种事实已经被他看见了，他也假装没看见，那些跟他的愿望相对一致的，他就夸大，就强化。这个时候就出现了一种形式是理性的，但内容是非理性的情况。那些研究员论证他们基于愿望形成的茅台还会以百分之六、七十年增长率增长的观点时，采取的论证形式也是基于形式逻辑，有因为有所以，有证据有论证。但是这种形式看上去严谨的论证，所选的素材都是根据主观愿望进行了片面化的取舍，不是客观的、辩证的利弊两方面资料数据的选择。在这种情况下，他们提供给投资人的分析报告，形式上有很完美的逻辑，但是他们这是不理性的愿望，他们没有像芒格所说的理性就是实事求是，没有按照芒格说的“你看到什么就是什么，不要戴着有色眼镜，对根据主观愿望来选择、裁减事实”。研究员本能的陷入非理性，不尊重自然法则和经济规律，深层次的原因就是控制不住自己的动物本能。在没有控制住动物急于求成的本能的情况下，他们就不能实事求是、客观、公正、辩证地看事实。所犯的错误判断，跟知识没有什么关系，是人性管理出了问题。研究者在动物本能驱动下，只不过用主观代替事实，只不过给动物本能加了一层理性化的外衣。

每一次牛市的顶点，我们会发现资本市场到处传播的是基本面存在着一个接一个的利多，到处传播的是经济形势一片大好，到处传播的是有理有据的论述股价还会上涨。在牛市的顶端传播的利多，以及被人们反复论述的那些观点，在形式上也基本符合形式逻辑的论证，可是为什么不能支持牛市呢？因为牛市顶端传播的所有消息和观点，几乎都是参与者的动物性爆发后，根据主观愿望和动物本能做出的分析论证变成了给动物本能提供一个易于让其催生出的主观愿望的形式化外衣和马甲！想快速发财致富，一步登天，快速取得成功的动物本能才是这些看上去有理有据的利多产生的原因。真正的事实是，在牛市顶端想一步登天，快速取得成功的动物本能强烈地占据了每一个人的心，使每一个人不再尊重那种亘古不变的永恒的自然法则、经济规律和常识。这种情况下，人们渴望源于其动物本能的那种愿望能够变成现实，并为此到处找理由找证据来论证、支持、强化这种不可能实现的动物本能愿望。这是牛市为什么产生，以及为什么崩溃的原因。牛市所以产生就是动物性完全被激发起来，人们的心里充满了快速成功的不合理的动物性愿望。愿望一旦产生并流行，当下股价就受这些东西的直接决定，所以就会上涨，但是动物本能决定的愿望没有被客观规律支持，客观不可能支持这样的动物本能愿望，于是牛市必然要崩塌了。

熊市的末端也是这样，到处传播的都是危机，到处都是风险，到处都是客观基本面的困难。而且每个说辞仿佛都有点道理，都头头是道，但事实上，客观上，并不是这样的，那种危机、恐惧、悲观都是人的动物本能爆发。人在持续的股价下跌面前被激发起了恐惧的动物本能，恐惧的动物本能发生后，人看什么都是危机，看什么都是衰退，看什么都是困难。这种看法并不是客观事实，是人在动物本能发作后不能做到实事求是，而是按照自己的精神状态裁剪事实。本能恐惧下的人在选择客观事实时，只选危机和不利的，甚至把一个明显的有利事实认为是不利的。在看待事实的时候犯了戴着有色眼镜看待事实的错误，在解读事实时也犯下了解读性错误，所有的事实哪怕客观上是有利的，他也会给你解读成有害的和会导致危机的，这就是熊市到处是危机的原因和熊市的产生机制。因为在熊市里，流行的悲观观点只是人的动物本能发作后出现了恐惧，这种情绪下大众认知与客观事实严重不一致，所以熊市一定会反转。

资本市场上发生的事情，根本不是来自于客观基本面有什么变化。我多次说过，基本面中的基本二字指的是长期具有稳定性的东西，如果这个东西老是变化，它就不叫基本面，基本面总是很难发生重大改变的。可是为什么股价上蹿下跳、频繁波动？那就是人们的愿望。人们的动物情绪稳定不住，动物本能不断的发作，发作了以后就失去了客观性，失去了实事求是的精神，选择性地看待事实，就会根据自己的主观愿望裁剪事实，解读事实，曲解事实。就像巴菲特说的，“股价一半是基本面，另一半是想象”，这种想象说白了都是动物本能的表现。这也解释了为什么比巴菲特、芒格聪明的人那么多，但是他们不成功的原因。从这个角度上讲，我们就理解了伯克希尔公司为什么在选接班人的时候，开出的条件是拥有“独立思考、情绪稳定、对人性和机构的行为特点有敏锐的洞察力”。其中基本不谈企业估值，而是主要谈维持情绪稳定的能力，这些条件要选出一个能够，并且善于保持理性的人。因为巴菲特、芒格他们都是认为理性最重要，整个投资就是维持理性，保持理性，用理性指导自己行为的一种比拼和竞赛。

6. 理性的二重含义

在上文中我为了阐述什么是理性这个抽象的概念，从理性的对立面非理性进行介绍，非理性带有感性成分，更容易理解。非理性是人在进化过程中，为了满足肉体的需要所形成的一系列本能，这些本能存储在人的基因深处，一旦在环境刺激下，本能就会发作，本能发作时人的思考被剥夺掉了，思维失去了对人行为的控制权。理性是非理性相反的一面，是人用大脑分析、研究，形成对长远变化，对本质变化的穿透现象的思考和判断，并基于这种超越现象、立足长期、立足本质的判断决策和行动的能力。

下面我从正面阐述理性的具体内容。**实践使我意识到理性包含着两方面的内容：第一、理性包含知识和智力，第二、理性是指人在面对问题时，让知识、智力获得并保持对人决策和行为控制的能力。**

智力有残疾、智力有缺陷的人理性吗？肯定是不理性的。也就是没有知识、没有智力就没有理性了。理性是包含着知识和智力的，理性是应用知识和智力处理问题的能力，所以没有知识、没有智力就不可能拥有理性，人因为没有知识和智力会走入非理性。人类早期知识贫乏，得了病通过求神治病，遇到重大事情的决策通过占卜、求神决定，这都是因为没有知识导致的非理性。

我们看这样一个问题，伟大的物理学家牛顿奠定了现代科技文明的基础，牛顿的知识和智力在人类历史上都是数一数二的。然而牛顿在股市里面赔了一个底朝天，最后留下一句：“我能够计算、预测星球的运动，但却无法计算人性的疯狂。”在巨亏的无奈下，牛顿退出了股市。人类历史上最智慧、最聪明、最有知识的牛顿，在股市投资过程中，没有保持住理性，陷入了非理性，并且因非理性而巨亏。这个案例说明什么？光有知识，光有智力，并不能自然理性，理性还包含一种知识和智力之外的能力，这种能力是什么呢？就是一种遇到事情，能够抑制住人的动物性，始终让人的行为由知识和智力决定的能力。这就是我在前文中说的，人有两个决策中枢，一个中枢是本能，另一个中枢是智力。本能比智力在控制人的行为上有优先权，本能是总司令，智力是副司令。理性要求用智力来思考问题，决定自己的行为。在这种情况下，智力必须要进行一场斗争，从本能手中夺回决策控制权。克服人的动物性，让大脑来支配人的行为，在克服动物性之后，让知识和智力有机会成为人行为的决策者，这就是理性的第二个重要内容。

第二个内容的重要性远超过知识和智力。获取知识和智力当然也不容易，但是任何人只要勤奋都能获得。尤其现代教育也比较发达，而且你要拥有的知识和智力一旦获取，它就不会丧失掉，你学会了1+1等于2，你终其一生也不会忘记。但是理性不一样，理性首先很难获得，因为我前面讲动物本能发作是你体内发生了一种由激素控制的化学反应，用意志来控制这种物理性的化学反应是相当之难的，大部分人是难以克服的。某一次克服了这种体内的化学反应，但是另一次你就又克服不了了，所以理性还不是一劳永逸的，不存在这一次克服终身都能克服的情况。克服动物性的难度比知识、智力大得多。根据我的投资实践，我认为知识在理性中的重要性不超过三分之一，甚至更低。理性百分之七、八十的内容是克服动物性，也就是理性的核心内容是克服动物性。于凤至是张学良的原配夫人，1940年赴美，主要是靠股票投资生活。于凤至在美国资本市场上取得了极为杰出的成绩，于凤至坚持只买不涨的冷门股，远离热门股，于凤至买进的冷门股会较长时间不上涨，与此同时其它热门股会大幅上涨。在其他股票涨跌的过程，冷门股保持原来的低位。此时于凤至不动声色，就在其他人不断咒骂冷门股而放弃的时候，于凤至进一步买入冷门股。时间让大部分人放弃冷门股后，冷门股出乎意料开始向上缓缓上升，之后居然出现了突飞猛进的飙升势头，而且上涨速度非常惊人，眨眼之间甚至超越了所有股票。于凤至发现那些冷门股大幅暴涨后心里忽生不安的感觉，她认定上涨孕育了新的风险、危机，于是将手里的股票尽快出手。在于凤至手中股票出手不久，已经从冷门股变成热门股的股价逆转开始下滑。于凤至坚信“物极必反”的道理，她知道任何一种始终处在居高不下状态的事物，迟早会发生逆转，股市上每有盈余，她便购买房产用于出租。于凤至当然也上过学，但是于凤至一定不比牛顿更聪明，更有知识。于凤至所掌握的知识比资本市场绝大部分基金经理要少，但是于凤至却成功了，为什么？因为她有一种坚持低了就是安全，高了就是风险的朴素常识，并且用这种常识有效地控制住了非理性情绪，最后取得成功。于凤至的投资成功证明控制动物性比知识和智力更重要！

7. 寡欲和能力圈可以让人获得理性

相对的，人处在一种平静的环境，熟悉的环境，感觉不到危险和压力的环境中，以及无欲无求的状态下，这时本能就进入了潜伏状态，因为此时肉体的生存和安全没有受到威胁，人也没有什么过度欲望急需满足，这时本能就不发作，理性容易成为人行动决策的司令官。我们总是找一个安静的地方，冷静地来分析、思考就是这个原因。若人感觉到自己处于危险之中，面临着不确定动荡的局面，或者人产生了过度欲望，这时控制人类行为的往往是本能，因为当人感觉到危险和不确定的时候，保护肉体存在和安全而产生的本能就会条件反射般的立即成为人行为的控制者，此时理性被剥夺了对人行为的控制权。如果人的欲望过多，而且这些欲望都是为了满足肉体的过分需要，在这些过分的欲望没有被满足前，人就会认为自己处于不安全中，虽然客观上人是没有危险和不安全的，就会自然激发出本能，控制人的行为，理性就会被剥夺了对行为的控制权，这就是我们说的失去理性！失去理性总是在不平静的状态中，或者过度的欲望中。获得理性首先要寡欲，欲望低的人容易走向理性，欲望多的人容易陷入非理性。我在和李录先生见面讨论投资时，李录先生和我说过一段话：“过去 50 年，芒格和巴菲特两人的生活消费没有明显的增长，他们的基本生活方式 50 年如一日的没有变化，一直保持着一种不因为自己有钱了，而特别使自己的欲望得到张扬，得到过度满足的情况。过去 50 年两人在伯克希尔公司的工资一直只有 10 万美元，工资一直没提升，就是 10 万美元，没有期权，没有股权激励，芒格、巴菲特在管理伯克希尔的过程中从来没有割过韭菜，从来没有高位泡沫化卖给市场，或者低位再买回，他们都不那样干，他们就是客观的好好的经营，然后企业壮大和社会分享。”寡欲就会无私，无私更容易理性。寡欲、无私是芒格和巴菲特保持理性，获取成功的重要原因！美国长期资本管理公司破产是多欲导致非理性的典型案例！巴菲特在评论美国长期资本管理公司破产时，说过一段话重点揭示了过度欲望会让人陷入本能发作，丧失理性。美国长期资本管理公司是 20 世纪全球金融市场最著名的一次破产，这次破产几乎引发美国金融危机，而这家公司是由几个诺贝尔经济学奖获得者创立的，可以说是全世界最聪明的大脑都在那里。对于长期资本管理公司破产，巴菲特说：“长期资本管理公司有两个诺贝尔经济学奖的获得者和其他 16 个人组成，像微软这样的公司，要找到这样高智商的一个团队都很难。而且他们所有人在业界都有着大量的实践经验。他们经验极端丰富，一直专精于他们目前所做的。拥有超级智商，在行内处于领导地位，结果是他们破产了。我百思不得其解，为什么聪明人净干蠢事？他们都是正经人，我尊敬他们，甚至我自己有问题的时候，也会找他们来帮助解决。但是，他们为了挣那些不属于他们，他们也不需要的钱，他们竟用属于他们，他们也需要的钱来冒险，这就太愚蠢了，这不是智商不智商的问题。用对你重要的东西去冒险赢得对你并不重要的东西，简直无可理喻。”巴菲特对长期资本管理公司破产的原因分析认为，这些智商全球最高，投资经验也最丰富，人品也很好的人所以破产，是因为他们欲望太高了，他们本来都已经是全世界最有钱的人了，但是他们却去追求那个自己并不特别需要的财产，而且还想短期暴富，为此他们以几十倍的杠杆押注一个债券，结果这个债券出了问题导致公司破产。几十倍的杠杆押注一个债券犯了太贪婪的人性错误，而过度贪婪是因为他们欲望过度，这就是欲望过高容易陷入非理性动物本能的表现。

理性的天敌是人肉体欲望！人的成功一定是压制欲望的。巴菲、芒格他们赚了那么多钱，世界级大富豪，生活方式没有发生变化，芒格现在 90 多岁了，每天都还看书，一周看三本书，如果喜欢的书能够一口气看完，90 多岁了，还在求索，还在学习新事物，关注社会的变革。他们不是有钱就享受，他们不是用财富来满足自己的欲望，而是始终保持简单朴素的生活方式，把精力放在理性的思考、理性的分析之上。芒格、巴菲特他们生活简单朴素，这是他们成功的保障，他们不激发自己肉体欲望。当激发出肉体欲望之后，理性就消失了。

除了寡欲之外，能力圈能保证人尽可能理性。在陌生的环境中，人容易产生恐惧，从而陷入非理性，做出错误的决策。这就是为什么巴菲特提出能力圈的原则，因为在能力圈里你非常熟悉了解，你进入的是已知的世界，你接触不到很多未知，所以不容易激发恐慌，从而不至于陷入非理性。**能力圈对深入的了解、研究一个公司有重要的作用，但是更重要的是它可以使人保持理性。你通过在能力圈里的深入思考，对这个公司非常熟悉了，这样你就不会感觉到陌生，以及由陌生激发的恐惧，从而始终能保持理性。**

在能力圈里深入研究能有效克服非理性情绪，保持理性，我为此奉献一个案例，就是我在投资茅台的过程中所表现出来的，大部分人无法理解的冷静和理智。我在投资茅台的过程中，一度亏损了 70%，这个时候全社会的媒体主流观点都认为我投资的茅台没有前途了，我只有死路一条，贬低我，否定我。但我始终坚持自己正确的认知，历经 5 年获得了 10 倍以上的收益。在水落石出后，很多朋友给我打电话说："董宝珍你真的太坚强，太坚定了，你意志真是超出常人的坚定！"我对大家说："我并没有感觉到我有多坚定，因为我从始到终就没有压力感，更没有恐惧感。假如我在这个过程中始终就有巨大的压力感，我早被压垮了，我从始到终保持了理性，是因为压根我没有恐惧。”为什么会有这种状态呢？是因为我非常了解这个公司，我写了1000多万字的分析报告，我的分析报告成为中国主要白酒上市公司高级管理人的决策依据，这些高级管理层邀请我去共商大事，我的观点发表在中国酒类媒体上，成为中国酒类产业在当时产业转折过程中的重要思想。我已经把所有的不确定问题，通过思考、研究，保持已知，我始终在已知的范畴内行动决策。虽然大家认为形势很危险、我很危险，但是我的分析、研究、深入思考，使得我掌握的都是已知的情况，所以我没有未知、没有恐惧。在当时股价大幅暴跌后，我反复说我很安全，我并没有风险。当时几乎所有的人都说董宝珍疯了，董宝珍已经精神错乱了！事实上并不是我疯了，而是大家不知道事情的真相，大家陷入了非理性。持续的下跌之后，人本能的会倍感紧张、焦虑，这种紧张、焦虑实际上是未知导致的一种动物本能反应，动物发现自己处于某种不确定和危险之中，就产生一种紧张、焦虑的激素，这种激素驱动他离开。只有化未知为已知，人才会平静，这就是能力圈的重要意义！**能力圈能避免人的非理性！人在感觉到危险时，在处于未知、不确定的环境中，动物本能会在基因控制下分泌出焦虑激素。控制人的行为，这时要保持理性，必须对抗这种焦虑激素。此时的恐慌是对未知的恐惧，或者说此时的恐惧情绪是未知导致的。解决之道是化未知为已知！投资成功的内在逻辑又要求人在不确定和未知的环境下，能临危不乱，保持理性分析，立足长远思考，不为眼前局面所动。内在要求就决定了人必须在不确定的情况发生之后，首先控制住激素。控制住激素，你才能坐下来冷静地思考，真正地知道你所处的环境，深刻的知道你所面临的局势，才能控制非理性情绪！**

8. 理性是一种精神状态，不是知识和智力

理性不是知识，理性也不是智力，理性是一种精神状态。在市场环境动荡，你感觉到压力、紧张、焦虑的时候，能控制住身体内部的动物本能分泌的激素，不让动物本能获得对你行为的控制权，或者说你身上的行为控制权在由理性和动物本能争夺的过程中，你始终能用理性打败动物本

能，这就是理性。在这种精神状态下，不受动物本能的驱动，不受情绪的干扰，不受本能的干扰，能够冷静的使用知识，使用智力。

理性是一种使知识、智力有机会控制自己行为的能力。理性是指遇到事情后，你压制本能，控制本能，控制动物情绪的能力。当你在遇到事情后，不让动物本能控制自己的行为，不按照情绪，不按照个人的好恶，也不按照个人欲望行动，这时你就进入了理性的状态。这种状态下，知识和智力就有机会去分析、计算、推理、决策并支配你的行为。你掌握知识，拥有智力之后，他们永远在你的大脑中。但是这个知识和智力能不能获得行为决策权，获得对你自己行为的支配权、指挥权，不决定于知识和智力本身。知识、智力只是一个工具，能压制动物本能，让知识和智力登上决策中枢，掌握决策权就是理性。从这个意义上讲，理性和知识、智力不是一回事。理性是克服动物性的一种能力或者说理性是压制住动物性的一种精神状态。

理性是一种精神状态，它不是一种恒久的状态，它的获得很不容易，但是又随时可能失去，而且失去的时候你并不知道，人可以努力获得理性的状态，但是人也可以失去理性的状态，所以维持理性是一个终身的战斗。你可能一时是理性的，但是你一直理性，才能保持持续的成功，而要做到永远理性不存在一劳永逸的事情。这里又一次体现出，理性不是智力和知识，比如说 1+1 等于 2，你以前不会，现在学会了，学会后你终生不会忘记。但是在理性问题上需要终身努力，在每一件事上都需要保持理性！稍不留意就会丧失理性。关于这一点，从中国哲学典籍中可以得到很多克服动物性的好办法和原则。中国历史上的宋明理学，提出一个观点是“人这一生最重要的问题就是存天理，灭人欲”，而且他这个学说还强调你只要还没有死，你就得跟人欲斗争，存天理是一个永恒的课题，只要没有死亡，就得存天理，灭人欲！因为肉体只要在，肉体的欲望，肉体身上凝固的动物性就在，所以存天理，灭人欲与保持理性是到死都要坚持的。理性之光非常脆弱，稍不留意就被风吹雨打灭掉了。人要保护这个理性，维持这个理性，扩张这个理性，这是最重要的一个工作。一个人有能力，没有这个东西，知识再多也无用。你看很多高级知识分子在股市也不见得赚钱，那是因为他的知识一点用也没有，为什么？他已经丧失理性了，他看到股市暴跌或者暴涨的时候，他已经完全情绪化了，在这个时候他身上就没有保持住理性，所以他所拥有的那些知识就根本没有机会登场，没有机会去应用。这就是芒格说的，“知识并不是最主要的，知识是必要的，但不是最重要的，最重要的是理性。”只有理性的时候，知识才能被应用。没有理性，你学过知识也懂很多知识，但是面临一个事情出现的时候，那知识也发挥不出作用。

后　记

财富源自心灵

我用了大概八个章节，近 20 万字，阐述了我在过去 5 年经历茅台历史性大博弈过程中，所经历的心理过程，以及这一过程中，我对投资理念，包括基础的价值投资概念的全新的源于实践的自我理解。这些自我理解可以清晰地看出来与传统教科书是不一样的。现在我想在这本《熊市 价值投资的春天（第二部）》的最后的后记里面，揭示一下全书的中心思想。那些源于实践，从实践中总结出来的新的观念、新的思考，它们有一个核心的共性。我想在每一章节里都表达出这样一个共同的中心思想，财富到底来自于哪里？过去包括我本人在内都认为财富来自于客观企业。但是经历过这段时间，我认为财富来自于心灵。我所写的这本书中的每一个章节，实际上都想通过具体的问题阐述这个终极的思考，财富源于心灵。我不知道读者能不能通过每一章节的字里行间看到这个意图。如果读者没有看到这个意图，我在后记中直接用直白的语言指出，《熊市 价值投资的春天（第二部）》的中心思想，就是在资本市场上投资人的财富来自于心灵，表面是来自于公司或者来自于股票，但是最终这个财富被你所获得，主要决定因素是你的心灵状态的。

企业和股票只不过是道具，真正的表演水平来自于演员的情感表达，投资也是。企业、股票是道具，真正的主角是你的心灵状态。为什么这么说？促使我产生思考的原因是经历了 5 年惨烈的博弈，茅台股价从 200 多元跌到 100 多元，暴跌 60%，最后所有的曲折过去，大部分低位买茅台的人获得了至少 10 倍以上的收益。于是我画了个表格，表格上列了过去 5 年贵州茅台每股收益只增长了 1 倍不到，但是股价却涨了 7 倍。这 7 倍的实实在在的财富增长，很难被企业 1 倍的净利润增长解释。如果财富全部来自于企业，来自于每股净利润的增长，怎么解释茅台过去 5 年 7 倍财富增长是建立在 1 倍净利润增长之上的？多出来那 80% 的财富增长来自于哪里呢？答案是市场大众的非理性情绪导致了不正常低估值。而那些在其他绝大部分人都陷入非理性恐慌时，保持冷静、保持理性、保持情绪镇定的人，趁着大家都陷入非理性，一直买入，是这7倍财富的主要贡献和来源。换句话说，茅台7倍的财富增长，80%都是来自于市场大众非理性的过程中，你保持了理性。那么我由此得出财富的主要来源来自于心灵，这是我提出这个认知的原因，因为企业的净利润增长不能解释过去茅台7倍的财富增长。

于是我逐渐地意识到真正的投资能力是修心能力，是自我情绪管理能力。我不断地沿着这条路思考，最终在2018年5月《证券市场红周刊》专访芒格，我是《证券市场周刊》的特约撰稿人。我通过李录先生把专访信息转给了芒格先生，在李录先生的推动下，芒格先生欣然接受了专访。由于作为牵线人的便利，这次专访所提的15个问题，有6个是我提出来的，我把我在贵州茅台历史性大博弈过程中所形成的财富源于心灵的思考，具体化为6个问题。这6个问题提给芒格后，芒格用他那充满智慧的语言，明确地告诉我投资最重要的能力就是保持理性。也就是说，芒格也认为最重要的是维持自己的精神状态，因为理性就是一种特定的心灵状态和心灵特质。在这种情况下，由实践中抽取出来，实践中我认识到的财富源于心灵的判断与芒格对投资关键能力的理解会师了。

财富来自于心灵。表面上看，企业增长是财富的源泉，但是你能够识别企业增长，并且在所有市场大众都怀疑这种企业增长的真实性的时候，你始终坚定地相信自己的判断，不为大众所动，保持理性，这个就是你获得财富的关键因素。所以获取财物的关键因素是保持心灵处于理性的状态，是让自己始终有一种坚持永恒的原则、思维和行为的精神状态。精神状态就是理性，而理性说穿了就是一种精神特质，精神状态是一种心灵状态，所以财富源于心灵。

说到这儿，我特别想把观点再引申一下。我们都知道价值投资的基本概念和基本理论框架源自于格雷厄姆，源自于芒格、费雪、巴菲特，是一批西方人在资本市场实践中所形成的这些理论框架，给出了包括安全边际，能力圈，竞争优势，护城河等基础投资概念。但是投资实践的核心能力是保持理性，投资实践是修养自己的一种精神境界的工作。西方的投资大师成功地做到了这一点。芒格、巴菲特都是因为在这方面，在人性上升华，对动物性的管理超越了众人而成为投资大师的。巴菲特说有些人比我聪明，有些人比我勤奋，但是他们为什么不成功？因为我比他们理性。但是西方的投资大师没有深入地去解释、阐述被他们成功做到，也被他们推崇为最重要的投资能力，即理性如何能做到？这就相当于是把一个最重要的课题留给了投资者自己去寻找答案。

我在寻找的过程中认识到怎么样做到理性恰恰是东方思想、中国哲学的核心。中国哲学中的正心、诚意就是用你的理性控制你的动物性。正心、诚意、格物、致知，就是你的心一定要平静，不贪婪、不恐惧，你的心要正，你才能格物、致知。在这句话中我们清晰地看到，在东方人，在儒家，在中国思想家的眼里，人可不是先天就理性的。这一点是东西方思想的最重大的差别。西方提出了“理性人假说”，以及“有效市场理论”，这个理论认为人从娘胎里生出来就是理性的，理性不需要努力，不需要修养，不需要求索。但是中国哲学不是，中国哲学一开始就认为人不是理性的，因为人不理性，所以人一生的课题就是使自己变得理性或者接近于理性。为此，浩如烟海的典籍的中心思想是让人做到理性，其最著名的正心、诚意、格物、致知，恰恰就是承认人是非理性的情况下，要求人修养自己的心灵。如果儒家思想家也认为人生来就理性，他就没有必要正心、诚意。后期王阳明提出的心学也是这个问题，如果人一开始就是绝对理性，用不着修心，心学是多余的。这就是我特别想要跟大家说的，最重要的投资能力是理性，从而也就确定了投资人的财富来自于自己的心灵。你的投资能力就是塑造心灵上的理性，以及精神和道德境界的这样一个课题。而这种具体的修养方法、修炼方法，西方投资大师们，包括西方的思想界也没有特别阐述过。而真正对这个问题有理论化、系统化探索的是中国的哲学，中国的思想。用你的理性克服你的动物性这个概念跟中国宋明理学提出的存天理、灭人欲，难道不是完全一样？中国宋明理学说的人生就是存天理、灭人欲，其实就是控制动物性，人欲就是动物性，天理就是理性。我最后在后记中所要跟大家说的全书的灵魂性观点。就一句话，财富源于心灵。这个观点源于实践，在实践中产生，最后通过向芒格先生的提问，得到了印证。如何让心灵处于一种理性的状态，是一个很关键的课题。西方的大师没有细说，而东方的哲学家们谈到了，我本来想在这本书中阐述一下东方哲学在心性管理、在理性控制上的价值，但是我考虑到这个课题很大，我要负责任，我自己需要再深入地研究中国哲学、中国思想。希望在5年之后，我再写一本《熊市 价值投资的春天（第三部）》的时候，重点把第三部的内容就锁定到如何用东方哲学、东方思想来实现心灵和理性的提升。

说到这儿我就讲一下《熊市 价值投资的春天（第一部）》，第一部在2008年11月出版，当时股市一片哀鸿，我提出应该是主动买入。10年过去了，我又写第二部。第二部是我过去10年的深刻的体会所形成的财富源于心灵的思想的具体化表达与阐述。我计划每5年写一本《熊市 价值投资的春天》系列书，希望在人生终结前把我投资过程中的思想、感悟全都记录下来，也为了让社会和其他投资人分享我的投资经验。

在创作过程中我不断地修改和完善，以至于总是不能截稿，总觉得有话没有说透，道理没有讲清楚。但是约定的交稿期又不能无限推迟，导致有很多想说的话、想讲的道理未能展开，也使本书有很多不足。书中观点都是我对投资的理解和思考，有可能和流行的现有认知不同，这种不同存在着两种可能，一种是流行认知是不正确的，另一种情况就是我的认知是不正确的。两种情况都有，大家可以比较的分析。未能展开的思想我将在自己的微博上进一步阐述，读者发现书中的不足和错漏可以在我的微博上提出批评指导意见，我将洗耳恭听，并积极回应！

最后，我感谢在写作过程中对本书的创作起到巨大帮助作用的我的助手和同事，他们帮助我收集资料制作文本。另外，也向我的家人表示感谢，在写作的这段时间，我脱离了正常的家庭生活，昼夜加班，节假日也无法参与正常的家庭生活，家人很理解和很支持我，我非常感谢家人！

董宝珍

2018年10月26日